BIBLIOTHÈQUE
INSTRUCTIVE

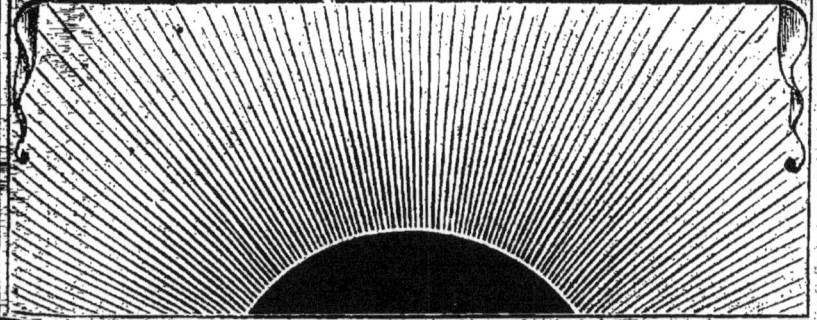

W. DE FONVIELLE

HISTOIRE DE LA LUNE

JOUVET & Cie

PARIS

BIBLIOTHÈQUE INSTRUCTIVE

HISTOIRE DE LA LUNE

CORBEIL. — TYP. ET STÉR. CRÉTÉ.

BIBLIOTHÈQUE INSTRUCTIVE

HISTOIRE
DE LA LUNE

PAR

W. DE FONVIELLE

OUVRAGE

ILLUSTRÉ DE 72 GRAVURES SUR BOIS

PARIS

LIBRAIRIE FURNE

JOUVET ET Cⁱᵉ, ÉDITEURS

5, RUE PALATINE, 5

M DCCC LXXXVI

HISTOIRE
DE LA LUNE

CHAPITRE PREMIER

LA NAISSANCE DE LA LUNE.

Si l'on en croit les Arcadiens, les hommes auraient
paru sur la Terre avant que la Lune se soit montrée
pour la première fois dans le ciel. En effet, ils possédaient
une tradition fort singulière en vertu de laquelle leurs
pères avaient fait paître leurs troupeaux à une époque
où la nuit n'était jamais éclairée que par la lumière des
étoiles. Dans ces temps primitifs, éloignés, les hommes
vivaient heureux, sans avoir à se défendre ni contre les
animaux ni contre leurs propres fureurs. Les orages et
les maladies étaient aussi profondément inconnus que
les bêtes féroces et la guerre.

C'est à partir du moment où la Lune est venue nous
montrer régulièrement ses phases, que tous les maux,
dont la civilisation la plus raffinée ne saurait nous
garantir, se sont déchaînés sur la race humaine, et
que l'harmonie primitive a été troublée sur la terre.

1

Ces légendes bizarres ont inspiré dans le courant du siècle dernier, non point un poète, mais un théologien protestant fort célèbre, parce qu'il s'est proposé le difficile problème d'expliquer, par des raisons scientifiques, toutes les circonstances extraordinaires rapportées par la Bible.

Warburton, qui était évêque anglican et chapelain de Georges II, ne se piquait pas d'avoir beaucoup de fixité dans les idées, car il finit par défendre avec un dévouement et un talent véritable le poète Pope, qu'il avait commencé par déchirer d'une façon impitoyable. Il alla même jusqu'à prononcer et publier un discours dans lequel il employait l'Écriture Sainte pour démontrer l'exactitude des principes philosophiques de l'*Essai sur l'homme*. Cet esprit plus ingénieux qu'ami de la rigueur se plaisait à soutenir des thèses excentriques. Il cherche à prouver que le tremblement de terre qui détruisit le temple Jérusalem, réédifié par Julien, était le produit d'une intervention miraculeuse et que Virgile, en dépeignant la descente d'Énée aux Enfers n'avait pas eu d'autre but que de décrire la série des épreuves auxquelles étaient assujétis les initiés aux mystères d'Eleusis.

Suivant ce personnage trop subtil, notre Terre avait été créée sans satellite. Elle aurait circulé seule et isolée dans l'espace, non seulement tant qu'Adam et Ève avaient habité leur Éden, mais pendant la longue période qui sépare la chute du premier homme de la catastrophe connue sous le nom de déluge de Noé. La Lune aurait été en quelque sorte l'exécutrice matérielle du jugement de Jéhovah ; elle serait venue persécuter la Terre au moment où l'Éternel avait résolu de punir la corruption des peuples en déchaînant les eaux de l'abime.

On ne peut reprocher à cette hypothèse que le défaut commun à toutes celles qui ne reposent sur aucune preuve positive; cette raison vaut à elle seule toutes celles que la critique la plus subtile pourrait invoquer.

A cela près, on peut dire qu'elle est parfaitement d'accord, non seulement avec ce que racontent les Arcadiens, mais encore avec ce que l'on sait de l'action qu'exerce l'attraction universelle. Il est incontestable, en effet, qu'un globe ayant la masse de la Lune n'aurait pu s'approcher de la Terre à la distance de soixante de ses rayons, sans changer complètement le régime des eaux à sa surface, sans la balayer dans tous les sens par d'immenses raz de marée, susceptibles de faire disparaître tous les êtres vivant à sa surface.

C'est surtout en astronomie que la critique doit se montrer impitoyable dans l'appréciation des théories, car, si on laisse la folle du logis libre de s'exercer à loisir, on verra de prétendus savants nous décrire les mœurs, les habitudes et l'histoire des habitants des autres corps célestes. Nous aurons bientôt des Hérodotes qui nous raconteront les révolutions des empires de la Lune avec plus d'assurance encore que les auteurs contemporains en mettent dans l'étude des annales des nations les plus éloignées de notre Patrie et de notre siècle.

Si nous pouvons étudier avec quelque fruit les spéculations de quelques grands esprits, c'est à condition qu'en s'appliquant à de semblables objets ils émettront quelques idées ingénieuses, de nature à mieux faire comprendre le rôle que nous jouons sur la Terre, et la place que nous occupons dans la chaîne infinie des existences. Mais, ce qu'il faut surtout éviter, c'est que nous nous laissions entraîner à attribuer à ces chimères une réalité supérieure à celle des songes.

S'il était permis d'appliquer à de semblables rêveries l'analyse transcendante, on serait obligé de reconnaître, en outre, que l'arrivée de la Lune aurait eu infailliblement des conséquences beaucoup plus durables. En

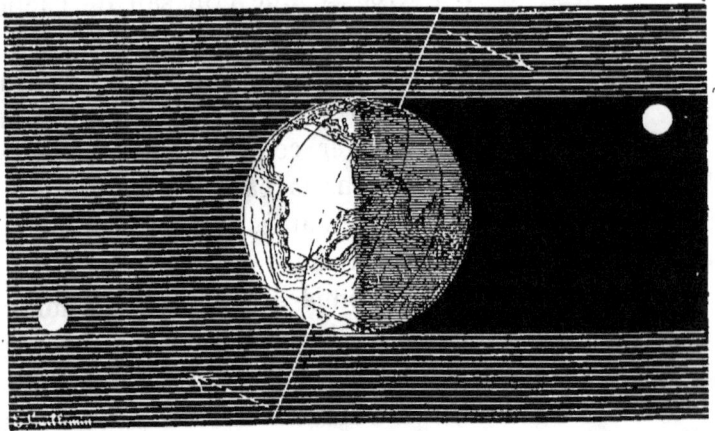

Déviation de l'axe de la Terre après l'arrivée de la Lune.

effet, elle n'aurait pu prendre possession de son orbe actuel sans faire basculer l'axe de rotation de la Terre, que rien n'empêche non plus de supposer avoir été primitivement perpendiculaire au plan de l'orbite qu'elle décrit autour du soleil.

Si l'axe de la Terre fût resté inébranlable dans la position qu'il avait avant cet événement, la Lune aurait pesé fort inégalement sur ses deux extrémités. Pendant les quinze jours qu'elle reste en dessous elle aurait

attiré l'hémisphère austral dans le sens qu'indiquent
les flèches. Pendant les quinze jours suivants, elle aurait attiré en sens inverse l'hémisphère boréal, de sorte
que l'axe aurait été successivement sollicité par les
deux bouts à basculer dans le même sens.

Il eût fini par céder, par s'incliner dans une position intermédiaire, véritable terme moyen entre les anciennes forces et les nouvelles attractions que l'arrivée de la Lune a produites. La position connue, c'est-

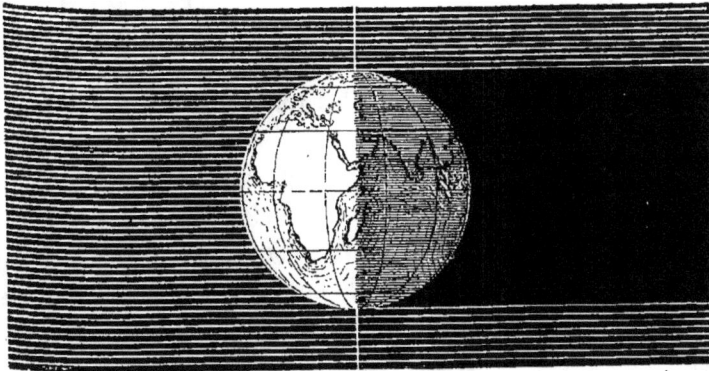

Printemps perpétuel avant l'arrivée de la Lune.

à-dire l'inclinaison de 23° serait, pour ainsi dire, le
résultat d'une cote mal taillée, de la transaction la
plus avantageuse.

Cette vieille hypothèse coïncide très bien avec ce que
l'on raconte des délices de l'âge d'or, du Paradis terrestre, en un mot, de l'humanité primitive, avant que le
péché n'ait terni son innocence. Car la géométrie la plus
élémentaire montre que si la rotation diurne s'exécutait
de cette manière, les jours et les nuits seraient égaux, et

depuis le pôle jusqu'à l'équateur tous les habitants de la terre jouiraient d'un printemps perpétuel.

S'il arrive chaque année, que des tempêtes plus ou moins fréquentes, mais toujours violentes, précèdent ou suivent les équinoxes, c'est que les contrées situées près du pôle éprouvent des variations rapides de température uniquement produites par la position penchée de l'axe de notre monde, et qui n'auraient pas lieu si notre globe avait su tourner droit. Mais, comme il est planté de travers, une partie notable de la Terre se réchauffe rapidement pendant qu'une portion équivalente placée de l'autre côté de l'équateur se refroidit aussi vivement.

Ces changements dans la température produisent d'un côté de grandes dilatations et des vaporisations, de l'autre des contractions, des pluies, des dépôts d'eau et de glace. Ils deviennent des ferments d'agitation dont les effets se combinent avec ceux de la rotation générale et se font sentir à la surface de tous les océans du monde, qu'ils atteignent jusqu'au fond de l'atmosphère.

Si chaque zone conservait pendant toute la durée de l'année une température uniforme, déterminée par sa situation géographique, on ne voit pas comment il se produirait des trombes et des orages. Il semble que le printemps de l'île de Calypso serait le régime commun de toute la terre.

Auguste Comte en était intimement persuadé, car il fait remarquer que, s'ils savaient s'entendre, les hommes pourraient arriver à redresser l'axe du monde; qu'ils n'auraient qu'à creuser à frais communs des mines profondes le long d'un même méridien terrestre, les remplir de poudre et les faire partir au même instant physique. Si l'intensité des détonations était assez grande, on verrait inévitablement la ligne qui joint les deux pôles s'approcher de la direction perpendiculaire au plan de l'écliptique et reprendre la position qu'elle devait avoir avant que l'arrivée de la Lune n'ait troublé l'harmonie de l'âge.

Dans ce passage singulier, l'auteur de la *Philosophie positive* oublie de tenir compte de l'immense disproportion qui sépare les forces célestes de celles que, pauvres atômes, nous pouvons développer sur le globe dont nous ne sommes que les imperceptibles parasites. Il ne comprend pas que les efforts de l'humanité sont positivement comme la goutte d'eau en face de l'océan, quand on les compare à la force divine, qui conduit les globes célestes autour de leurs soleils.

Quoique notre satellite soit un membre insignifiant du système solaire, puisque sa masse n'équivaut pas la centième partie de celle de la Terre, quoiqu'il décrive son orbe autour de nous avec une vitesse vingt ou trente fois moindre que celle qui nous anime nous-mêmes dans notre translation autour du soleil, cependant la force vive qu'il possède dépasse toute la puissance de notre imagination. Nous voyons passer au-dessus de nos têtes un gigantesque boulet dévorant l'espace avec une rapidité deux ou trois fois plus grande que celle des projectiles qui sortent des canons. Des batteries humaines ou plutôt inhumaines pourraient tirer pendant des milliers d'années plusieurs coups par seconde avant de produire un effort dynamique égal au choc qui aurait été nécessaire pour lancer au-dessus de nos têtes cet étonnant projectile céleste.

Après ces remarques nous pourrions nous croire légitiment dispensés du soin de dissuader les réformateurs de chercher à améliorer le régime astronomique de notre globe et de les engager à se borner à faire régner un peu plus de bon sens et de justice (1).

Nous dirons cependant que l'on vient d'exécuter à New-York, où l'on a fait sauter les roches qui bloquaient l'entrée de Hell-Gate, une immense opération, qui prouve avec quelle étonnante facilité la Terre éteint dans son immensité les résultats de l'activité humaine. Pendant plus de dix ans d'habiles ingénieurs ont creusé des galeries dans la roche condamnée et y ont accumulé des milliers de tonnes d'une substance explosive, plus énergique que la poudre ; vainement des électriciens, familiarisés avec tous les détails de l'établissement de dérivations multiples, ont profité de toute la vitesse de l'étincelle pour réunir toutes les explosions en une seule. Les habitants de la grande cité voisine n'ont ressenti qu'un tremblement insignifiant. La trépidation du sol, n'a pas eu l'énergie des moindres frémissements qui sont journellement produits au Japon, et que les appareils de M. Palmieri dédaignent d'enregistrer dans le district du Vésuve.

Ce n'est pas tout. Non seulement l'entreprise qu'Auguste Comte préconisait, et semblait indiquer à l'activité des générations futures, est parfaitement impraticable,

(1) Nous trouvons dans un ouvrage d'astronomie très répandu que le poids de la Lune est de 80 sextilions de kilogrammes. Il eut été logique de l'évaluer en grammes, l'effet aurait été plus semblable à celui que cherchait à obtenir un aéronaute qui, pour mieux mettre en lumière l'immensité de son ballon, évaluait sa capacité en litres dans les pompeuses affiches où il annonçait ses ascensions aérostatiques.

mais, si elle n'était pas rigoureusement irréalisable, on pourrait dire qu'elle aurait le défaut grave d'être horriblement imprudente.

En effet, la vraie philosophie de la nature, celle que pratiquaient les anciens sages et celle que suivent toujours leurs élèves, nous apprend qu'il faudrait nous défier de semblables tentatives, dans l'incertitude où nous vivons nécessairement sur l'origine des choses. Nous n'aurions qu'à lever un doigt en l'air, pour chasser la Lune, que nous devrions nous garder soigneusement de le faire. En effet, le simple bon sens nous dit qu'un pareil voisin ne peut exister sans jouer un rôle considérable, quoique inconnu, dans les phénomènes naturels. S'il est vrai que l'inégalité des jours et des nuits tienne à cette circonstance, il l'est peut-être aussi, que nous ne pourrions nous en passer, et que le premier des effets de la restauration d'un printemps perpétuel serait de rayer l'humanité de la surface du monde.

Des découvertes modernes fort curieuses ont dû faire tressaillir dans sa tombe l'évêque Warburton, qui est mort en 1779.

En effet, elles sont venues fournir un argument dont le poids eût été considérable à l'époque déjà lointaine où des discussions de ce genre avaient le privilège de préoccuper des hommes sérieux.

Profitant avec une grande habileté d'une occasion pendant laquelle la planète Mars pouvait être facilement observée, un habile astronome américain est parvenu à démontrer que ce globe rougeâtre n'est point isolé, comme on l'avait supposé si longtemps. Grâce à M. Asaph Hall, on sait maintenant que l'auteur de la nature lui a fait présent d'une suite encore plus brillante que la nôtre, car deux Lunes différentes sont enchaînées sur ses pas, attachées à son service, et rehaussent par conséquent d'une façon remarquable sa dignité planétaire.

Ces deux globes sont tellement petits, ils sont si singulièrement rapprochés de leur maître céleste, ils tourbillonnent avec tant de rapidité, qu'il est facile de comprendre que les astronomes de la Terre aient observé pendant des siècles une planète si souvent étudiée sans rien apercevoir d'extraordinaire dans son voisinage, sans se douter qu'il y avait dans ces régions célestes deux petites Lunes.

Évidemment M. Asaph Hall ne les aurait pas découvertes, signalées, s'il eût été moins habile à manœuvrer des lunettes astronomiques ou des télescopes d'une puissance remarquable, et s'il ne s'était placé de manière à faire ses belles observations dans un ciel d'une pureté exceptionnelle. Cependant rien ne prouve qu'elles fussent déjà arrivées avant l'époque où il les a découvertes.

C'est ce qui fait qu'il s'est trouvé des savants pour émettre une opinion tout à fait analogue à celle de l'évêque Warburton. Ils se sont demandé si ces deux corps célestes n'étaient pas deux conquêtes récentes de ce monde rougeâtre, que nous avons consacré au dieu de la guerre. Ils ont prétendu que si on ne les avait pas vus plus tôt, ce n'était pas seulement parce que les lunettes étaient trop mauvaises, c'est parce qu'ils n'étaient point encore capturés et qu'ils vagabondaient en liberté dans le monde lointain d'où sortent les comètes.

Rien ne nous dit que la Lune n'est pas une de ces

brillantes visiteuses que décrit si poétiquement Fontenelle à son aimable marquise, et qui fatiguée de voltiger de monde en monde, de laisser traîner leur écharpe de lumière sur tous les grands chemins de l'infini, s'est attachée à notre fortune, a perdu progressivement son éclat, et est devenue le globe étrange sur lequel les astronomes de la Terre ne se fatiguent pas de promener leurs lunettes, mais dont ils ne peuvent préciser ni la fortune future ni la nature bizarre.

Une comète captive qui meurt et devient une planète ne peut-être une circonstance bien rare dans la vie des Mondes, puisque ces belles voyageuses sont aussi communes dans le ciel que les poissons dans l'Océan, d'après ce que nous apprend Kepler.

On enseigne généralement que la gravité est un harpon invisible et matériel qui permet aux planètes sérieuses de pêcher ces étrangères et de les réduire en esclavage.

En effet, il n'y a pas d'années où les astronomes n'observent dans le cours de ces astres étourdis des déviations notables qu'ils attribuent à l'action des grosses planètes dans le voisinage desquelles ils passent.

Si l'on admet, pour un instant, que Mars ait eu la force d'arrêter au passage un corps imprudent et volage qui s'était trop approché de son orbe, on ne comprend pas comment on refuserait une semblable faculté à la Terre. Essayons de combiner la légende des Arcadiens avec la tradition biblique. Rien n'empêche non plus d'ajouter que cette rencontre a eu lieu à l'époque du déluge de Noé. Si l'on fait de ce patriarche un astronome, il est facile de dire, en outre, qu'il a aperçu la Lune

quand elle était encore éloignée, qu'ayant constaté
qu'elle grossissait, il a compris qu'elle venait se ranger
sous nos lois. Le plus simple bon sens lui avait suffi
pour en déduire que de grandes calamités menaçaient
le genre humain et qu'il fallait songer à se soustraire
à quelque bouleversement naturel. Un esprit subtil et
systématique pourrait donc expliquer très ingénieu-
sement par la naissance de la Lune jusqu'à la construc-
tion de l'arche.

Il n'y a qu'un petit malheur commun à toutes ces
spéculations, c'est qu'elles ne reposent que sur des vues
plus ou moins séduisantes, et sur des analogies vagues.
Rien n'indique qu'on doive les préférer à d'autres,
d'une nature tout à fait opposée, et qui les contredisent
de la façon la plus complète.

La version à laquelle les savants semblent s'être ar-
rêtés, jusqu'ici, prétend que la Lune est plus ancienne
que la Terre ; ce ne sont pas les Arcadiens qui ont pu
assister à la naissance de la Lune, ce sont au contraire
les tribus lunaires qui ont dû assister à la naissance de
la Terre.

Tout ceci s'explique très clairement, si l'on admet la
théorie de Laplace sur la formation des planètes, et si
l'on croit comme lui qu'elles ont été toutes tirées les
unes après les autres d'une même masse chaotique dont
le centre était celui du Soleil, et dont les frontières s'é-
tendaient originairement au delà du monde de Neptune.

En effet, il suffit de supposer que la Terre et la Lune
faisaient alors partie d'une même zone dont la largeur
était d'environ 200,000 kilomètres et qui régnait tout le
long de l'orbe actuel de la Terre, c'est-à-dire sur une
longueur d'environ 1000 millions de kilomètres.

La matière répandue dans cette immense région se serait mise en boule, plus petite mais analogue à la nébuleuse solaire à laquelle elle aurait primitivement appartenu. La partie la plus éloignée du soleil se serait détachée de la partie la plus voisine du centre de manière à former à son tour son anneau, et à reproduire sur une petite échelle les phénomènes de la genèse de la Terre. Mais cette évolution aurait été beaucoup plus rapide. Nous verrons, plus bas, quelles sont les conséquences de cette hypothèse plus hardie que probable, plus séduisante que sérieuse.

Comme on le voit, la Lune serait sortie de son chaos au moment où la Terre était encore enfoncée dans le sien, à l'époque où les éléments matériels qui constituent notre monde étaient encore dissociés et confondus. Avant que notre globe ait commencé à se consolider, notre satellite aurait parcouru une période de richesse, de prospérité et de lumière. La lune aurait eu une période de jeunesse dont les splendeurs auraient effacé l'âge d'or de la Terre.

En effet, pendant sa belle jeunesse notre satellite était éclairé par les rayons d'un soleil vigoureux dont les limites dépassaient encore celles de l'orbe de Mercure. Lorsque cet astre éblouissant disparaissait des horizons lunaires, la nuit ne les envahissait point ; ils étaient encore éclairés par la Terre, qui brillait d'un éclat merveilleux et qui, grâce à sa moindre distance, devait avoir aux yeux des Lunicoles de ces temps lointains, une splendeur rivale de celle du soleil affaibli de 1886.

Comme on le voit, on a beau vouloir chasser l'imagination lorsque l'on s'occupe des objets célestes, elle

s'impose tellement à l'esprit humain qu'elle reparaît
sous toutes les formes. La plus froide analyse n'en
défend pas ceux qui croient qu'en distribuant les
soleils dans les plaines infinies du firmament le Créateur
n'a eu pour objet que de proposer un problème de géométrie transcendante à nos Euclides et à nos Archi-
mèdes.

CHAPITRE II

Si l'on excepte les peuples de race germanique, tous ceux qui sont civilisés et un peu galants ont considéré la Lune comme représentant le principe féminin dans le monde. Il a semblé à tous, sauf aux Allemands, que cet astre a reçu en partage la grâce qui fait l'apanage de la femme, et que par conséquent on devait lui donner le sexe féminin.

Les Syriens ont bien adoré quelquefois le dieu Lunus, mais ce culte, que l'on peut dire contre nature, quoiqu'il soit sanctionné par la langue de nos voisins d'outre-Rhin (1), a été stygmatisé par Tertullien, comme étant le plus impur de tous ceux qui déshonoraient le paganisme. Il donnait lieu en effet aux travestissements les plus grotesques, montrant que les organisateurs de cette dévotion ne méconnaissaient pas du tout, comme on le fait en Allemagne, la nature, éminemment féminine de notre satellite. Pour adorer le dieu Lunus, les hommes devaient prendre des vêtements de femmes, et les femmes des vêtements d'hommes. Les dévots d'un pareil culte croyaient, grâce à cette transfiguration, échapper au pouvoir légitime qu'exerce l'amour et devenir insensible à ses charmes.

(1) En allemand la lune est du masculin et le soleil du féminin.

Les Chinois ont commis une erreur encore très grave, mais moins immorale ; malgré la grande différence d'éclat des deux astres, ils les mettent tous deux sur le même rang, dans les idées grossières qu'ils se font de la hiérarchie céleste. Comme ces deux corps possèdent le même diamètre, ils en ont conclu qu'ils avaient la même importance, sans se douter que cette égalité ne tient qu'à une simple coïncidence, bizarre incontestablement, mais peut-être fortuite. En effet, il est avéré que la Lune a un diamètre 400 fois plus petit que celui du Soleil, mais qu'elle se trouve 400 fois plus près, de sorte qu'il s'est établi à cet égard une compensation des plus étranges, mais rigoureuse.

La science moderne pourra rechercher quelles peuvent être les conséquences physiques de cette proportionnalité remarquable, mais le paganisme des mandarins a cru bon de la consacrer en rendant aux deux astres des honneurs équivalents. Chacun a son temple et ces deux édifices sont placés symétriquement, dans la vaste enceinte où s'accomplissent à Pékin les cérémonies idolâtriques du culte des corps célestes.

Le temple du Soleil est naturellement à l'orient, c'est-à-dire du côté où l'astre du jour arrive à l'horizon chaque matin. Le temple de la Lune est à l'occident, par une raison identique. En effet, c'est de l'horizon occidental que la Lune semble s'élancer chaque mois au moment où le Soleil se couche. Elle se dégage progressivement de ses rayons, devient de plus en plus brillante, et montre pendant quelques nuits un disque splendide. Ces disques se creuse et diminue en même temps qu'il s'approche du soleil levant, dont les rayons finissent promptement par le rendre invisible.

Le Temple de la Lune à Pékin.

2

Nous devons ajouter que cet édifice, dont nous reproduisons un dessin communiqué par M. Watson, célèbre astronome américain et dont il nous vantait la situation charmante, les sculptures ravissantes, est le rendez-vous des élégantes de la capitale du Céleste Empire.

M. Watson comparait cet édifice à l'ancienne abbaye de Longchamp, dont le souvenir à survécu à tant de Révolutions, et qui a donné naissance à la promenade si célèbre dans les annales de nos modes parisiennes.

Afin de bien comprendre le rôle réservé à la déesse de la Lune dans notre Olympe occidental, il n'est point hors de propos de rappeler quelles étaient les idées astronomiques qui dominaient alors que la doctrine de Ptolémée était enseignée dans toutes les Universités.

On sait que les anciens croyaient que la Terre occupe le centre du monde, c'est-à-dire de l'objet immense, mais limité, sorti de la main des dieux. Elle était le lieu bas par excellence, la sentine de toutes les corruptions de la création, le théâtre d'expiations et de pénitences.

Elle était entourée par une zone peu étendue qui était la région de l'air. Au-dessus se trouvait une seconde enveloppe, la région du feu. En troisième lieu venait la sphère de la Lune, puis les sphères des différents astres se succédant les uns aux autres jusqu'à la sphère des étoiles.

De tous les astres la Lune est le plus voisin de nous, par conséquent elle avait le plus d'affinité avec notre nature vulgaire ; elle était le membre de la famille céleste participant le plus à nos défauts, à nos imperfections, à notre faiblesse constitutionnelle, et cependant elle était encore divine !

On lui avait donné un char comme on l'avait fait pour le Soleil. Mais la route qu'elle avait à parcourir avait une longueur bien moins considérable. Au lieu d'y atteler deux chevaux fougueux, semant partout la terreur et l'épouvante, les poètes lui avaient fait hommage d'un attelage de bœufs. Un enfant de la Terre aurait pu sans danger les conduire.

Mais un semblable honneur ne paraît avoir tenté l'ambition d'aucun rival de Phaéton. On n'a jamais eu à rapporter une catastrophe semblable à celle dont les bords de l'Éridan ont été le théâtre.

Comme la tâche de diriger un char aussi pacifique devait être fastidieuse et tout à fait indigne d'une immortelle, on avait créé une nymphe nommée Sélèné à qui était réservé ce soin peu brillant, et qui montait régulièrement sur le siège, chaque fois que sa maîtresse descendait sur la Terre, pour aller chasser dans les forêts les plus épaisses.

Diane était loin d'avoir un caractère aimable et tendre : c'était une divinité farouche, fuyant la société des hommes, et ne se plaisant qu'avec ses nymphes. Elle errait généralement dans des fourrés inaccessibles. Malheur aux téméraires qui ne respectaient pas ses ébats !

Le chasseur Actéon, l'ayant surprise pendant qu'elle était au bain, fut changé en cerf, vengeance qui ne paraît pas avoir satisfait la déesse. En effet, le malheureux fut dévoré par ses propres chiens, incapables de reconnaître leur maître.

Diane n'hésitait jamais à faire usage de son pouvoir lorsqu'il fallait protéger non seulement sa vertu, mais encore celle de ses nymphes. Poursuivie par le fleuve

Alphée, Aréthuse va succomber. Ne pouvant sauver la malheureuse, la déesse la métamorphose en ruisseau. Ovide raconte en vers admirables cette étrange aventure.

Ces légendes étaient inspirées par la pureté de la lumière de la Lune, qui verse sur tous les objets qu'elle frappe une teinte argentée, permettant très difficilement d'apprécier leurs véritables couleurs.

Les anciens n'avaient pas été sans remarquer que ces rayons qui paraissent si vifs, à cause de l'étrange sensibilité de la pupille pendant la nuit, ne développent pas une chaleur suffisante pour produire un effet sensible sur le tact; aussi racontaient-ils que la déesse de la Lune est impitoyable.

Ils lui prêtaient des vengeances tout à fait indignes d'une divinité occupant une position aussi importante dans l'Olympe.

Des paysans lyciens, ayant refusé de lui donner à boire une coupe remplie d'eau, sont changés en grenouilles.

Ainsi que toutes les grandes personnalités de l'Olympe, Diane était adorée sous plusieurs noms, et on lui donnait différents attributs dans ses divers temples; mais ses sanctuaires les plus célèbres étaient ceux où on la considérait comme une divinité terrible.

Elle était surtout redoutable lorsqu'on l'adorait sous le nom d'Hécate. Alors, en effet, on la considérait comme l'épouse du dieu des enfers. C'était sous ce nom, que les Grecs dévots ne prononçaient qu'en tremblant, qu'elle présidait aux enchantements et qu'elle apparaissait lorsqu'elle était appelée sur la Terre par des conjurations assez puissantes. Dans ce cas, sa tête n'était plus couverte de cheveux, mais de serpents qui se tortillaient dans tous les sens. On lui offrait en sacrifice des chiens de petite taille, mais qui devaient être parfaitement noirs.

Ce n'était pas de son plein gré que la déesse avait abandonné ses chasses pour habiter un aussi triste séjour que le fond des enfers. Un soir qu'elle s'était attardée pour son malheur à cueillir des narcisses sur les bords d'un fleuve, Pluton qui passait par là, fut frappé de sa beauté, la saisit, la plaça de force sur son char et l'enleva, malgré sa résistance désespérée et celle de Cyane, sa suivante.

Cérès, sa mère, ayant appris de cette nymphe le nom du ravisseur, alla se plaindre à Jupiter. Le dieu décida que Pluton serait condamné à rendre la liberté à sa victime à condition cependant que la beauté ravie n'aurait pas sanctionné son rapt, en acceptant quelque nourriture pendant son séjour aux Enfers.

Comme un génie qui errait sur les bords du Styx avait vu la jeune déesse manger quelques grains de grenade, Jupiter déclara que les destins ne lui permettaient point de la rendre à sa mère, et Pluton conserva son épouse.

Celle-ci se vengea sur les hommes, bien innocents de ses malheurs, en prêtant son concours à tous les sorciers qui invoquaient les puissances infernales.

Parmi les peuples grecs qui avaient pour la Lune une dévotion particulière, il faut citer, en première ligne, les Spartiates, qui se livraient dans son temple à des superstitions aussi cruelles que bizarres. Il y avait dans le sanctuaire un autel qui servait à des jeunes gens dont l'éducation civique ne consistait pas seulement à

défiler dans les fêtes, mais qui devaient apprendre à
mourir pour la patrie en s'exerçant à mépriser la
douleur. Les enfants se plaçaient eux-mêmes dans une
posture convenable, et des prêtres les fouettaient
jusqu'au sang, sans qu'ils eussent le droit de manifester la moindre douleur. Les cadavres de ceux qui
succombaient à une si terrible épreuve, sans articuler
la moindre plainte, étaient couronnés de lauriers et rece-
vaient les honneurs funèbres aux frais de l'État.

Les prêtres chargés des fustigations étaient placés
sous la surveillance d'une prêtresse, qui tenait dans ses
bras une statue de la déesse. Quand elle s'apercevait
qu'on ne frappait pas assez fort, cette femme laissait
tomber l'idole, prétendant que Diane était subitement
devenue trop lourde, afin de dénoncer le pontife qui
tenait le fouet avec trop de douceur.

Diane était encore la déesse qu'adoraient ces peupla-
des de femmes guerrières, qui se meurtrissaient le sein
afin de pouvoir tirer de l'arc, et qui traitaient leurs
époux d'une façon aussi méprisante. C'était dans le
temple d'Éphèse que les amazones venaient lui rendre
leurs hommages. Sa statue avait la poitrine et le ventre
même couvert de mamelles en signe de fécondité, disent
les historiens.

Dans certains cas, son culte était environné de superstitions atroces, et ses autels furent plus d'une fois arro-
sés de sang humain. C'est ce qui arrivait en Tauride,
où jamais les Grecs naufragés n'étaient épargnés, suivant une tradition qui a inspiré à Euripide une de ses
plus admirables créations. L'intéressante victime dont
tant de poètes ont chanté les malheurs avait été sous-
traite par Diane au moment où Calchas s'apprêtait à

plonger dans son sein le couteau sacré. Elle avait été
transportée au milieu d'un nuage dans cette région
lointaine où elle présidait aux immolations. Elle y était
restée malgré elle jusqu'au jour où, sauvant Oreste et
Pylade, elle avait disparu avec ses compatriotes et était
revenue triomphalement dans sa chère Grèce.

Les Phéniciens, et par conséquent les Carthaginois,
adoraient Diane sous le nom d'Astarté, et lui faisaient
des hécatombes dont la cruauté est restée proverbiale.
Les sacrifices étaient alors accompagnés de tortures
épouvantables qui méritent d'occuper une place à part
dans l'histoire des superstitions humaines, et qui montrent jusqu'à quels excès la terreur et la crédulité peuvent conduire des populations que l'on pourrait croire
intelligentes !

Partout où les Phéniciens et les Carthaginois, après
eux, portèrent leur commerce, leurs armes et leur
civilisation, on vit reparaître dans toutes les conjonctu-
res critiques leur fanatisme exalté, renouvelant ces
pratiques épouvantables. En vain Gélon de Syracuse,
avec l'autorité de la victoire, et les Grecs établis à Car-
thage essayèrent de mettre un terme à ces scènes.
Aucune considération ne pouvait faire renoncer ces
cruels africains à ces immolations humaines. Ce peuple
impitoyable mettait en croix ses généraux vaincus, aussi
bien que ses mercenaires révoltés. C'est à force de sup-
plices et de débauches qu'il s'efforçait de rappeler la
Fortune sous ses étendards. Il pensait que des pratiques
atroces tenaient lieu de patriotisme et de courage,
pourvu qu'elles fussent accomplies en l'honneur de sa
divinité farouche.

Ce culte affreux survécut à la victoire des Scipions, et

La Lune sur son char.

des rayons de la Lune éclairèrent encore des sacrifices humains du temps de l'empire. Le nombre des victimes fut si grand que les Césars furent obligés de rendre des lois spéciales afin de mettre un terme à ces infâmes hécatombes humaines.

Diane partageait avec Junon l'honneur de présider aux naissances. De même que Junon, elle était adorée dans les temples sous le nom de Lucine, parce que c'était sous son invocation que les fils des hommes venaient au monde. C'est ce qui explique la fable relative à l'incendie du temple d'Éphèse, brûlé de fond en comble le jour de la naissance d'Alexandre-le-Grand. On raconte que Diane, retenue près d'Olympias, n'avait pu veiller à la sûreté de ses autels.

Les sanctuaires de Diane étaient environnés d'arbres élevés, dont les branches et le feuillage donnaient des ombres fantastiques, et qui, lorsqu'ils étaient éclairés par la lumière envoyée par la déesse, prenaient des proportions mystérieuses et disposaient l'esprit aux rêves les plus extraordinaires.

Les rênes dont se sert la fée des songes pour guider son char sont tissées avec une toile d'araignée, et les harnais de ses bêtes sont fabriqués avec les rayons humides du clair de Lune.

C'était encore à la Lune que s'adressaient les héros qui voulaient descendre dans le séjour infernal, et surtout ceux qui voulaient revoir des ombres qui leur étaient chères.

Les Grecs croyaient généralement que la personne humaine est formée par la combinaison de trois éléments différents, un principe grossier et matériel qui appartient à la terre, un principe qui permet le mou-

vement, la vie et qu'on assimilait plus ou moins au
feu, enfin un principe rationnel spécial à l'homme et le
distinguant tout à fait des animaux.

Lorsque la mort survenait, le corps cessait de faire
partie de cette triade et retournait à la terre qui l'avait
fourni. Mais il restait encore une âme composée par la
réunion des deux autres principes et qui devait également être dissoute.

Le principe vital, qui était fourni par le Soleil, et
qui, pendant la durée de l'existence, résidait dans le
cœur, devait remonter à l'astre d'où il était descendu.

Le principe rationnel, qui avait eu son siège dans le
cerveau, devait également retourner à son lieu d'ori-
gène, qui était la Lune. Mais cet astre était habité par
des génies chargés d'en écarter les âmes indignes, de
sorte qu'elles erraient au hasard dans les zones voisines.

Au contraire, les esprits bienheureux étaient admis
dans cette terre du ciel où s'accomplissait la seconde
mort c'est-à-dire le dédoublement de l'âme. L'ombre
épurée par cette nouvelle épreuve pénétrait dans la zone
divine où les sages avaient sous leurs pieds les soleils.

La Lune était en outre le séjour que le Destin avait
assigné à Clotho, la seconde des trois Parques; c'est là
qu'elle restait accroupie, éternellement occupée à tourner le rouet magique.

Lachésis, qui attache les fils de chacun de nous,
lors de notre naissance, était assise sur les bords
du Styx; la terrible Atropos, qui vient, à un moment
donné, interrompre brusquement le cours de notre
existence, avait son trône dans le Soleil. Les trois sœurs
s'accompagnaient en chantant des vers prophétiques,

qui retraçaient l'histoire de la race humaine ; mais ils étaient bien peu nombreux ceux qui pouvaient les entendre et surtout les comprendre !

Statue de la Diane d'Éphèse.

Ce mythe étrange, dont l'origine est inconnue, rattache donc, dans un but commun, la Terre, la Lune et le Soleil.

Gœthe en a fait plus d'une fois un très heureux usage. Nul doute qu'il ne fournisse encore au génie des poètes des images à la fois gracieuses, émouvantes et profondes ; car la Lune n'est pas seulement, comme on est

trop porté à le croïre, un admirable sujet d'études et
d'observations positives, c'est avant tout une mine
inépuisable de réflexions curieuses, auxquelles les découvertes de l'astronomie moderne peuvent donner
une portée surprenante.

Mais pour obtenir ce résultat, il n'est nécessaire ni
d'être esclave du dogmatisme, ni de se livrer aux divagations du spiritisme. L'exercice légitime et normal
de l'imagination s'exerçant sur des objets sublimes par
leur grandeur, par l'ordre qui règle leurs évolutions,
par le pouvoir créateur dont elles sont le symbole per-
manent, doit amplement suffire, car elles doivent exister quelque part, comme le dit un grand poète, ces sublimes mamelles auxquelles toute âme aime à s'attacher.

CHAPITRE III

GRIMPANT A LA LUNE.

Les historiens chinois racontent, avec tout le sérieux qui les caractérise, que lors de la fête des Lanternes, l'empereur Ming-Nong demanda à un de ses astrologues s'il pourrait s'élever jusqu'à la Lune.

Celui-ci répondit que rien ne serait plus facile, et il jetta en l'air le bâton qu'il portait à la main pour appuyer ses pas chancelants. Au lieu de retomber sur la Terre, ce bâton se changea en un pont qui permit au fils du Ciel de visiter la Lune.

Comme la route était longue, et que l'empereur Ming-Nong n'arrivait point assez vite dans ce lieu enchanté, il pria son guide de vouloir bien jouer de la flûte pour le distraire. Cette musique céleste fut heureusement entendue par les habitants de la Terre.

Sans cette circonstance, Ming-Nong, quoiqu'il fût un grand amateur des sciences occultes, se serait défié de ses impressions et aurait cru avoir fait un songe. Mais il fut obligé de reconnaître la réalité de son voyage céleste. En effet le gouvernement général de la province de Nankin, où se trouvait alors la cour et le temple de la Lune, lui remit le lendemain matin un rapport dans lequel on disait que la fête des Lanternes avait été signalée par un phénomène merveilleux, et que l'on avait entendu le son d'une flûte dont les Dieux jouaient au-dessus des nuages.

L'empereur et son astrologue ne trouvèrent pas la Lune déserte et désolée comme les astronomes barbares de l'Occident déclarent en général qu'elle doit être. Ils arrivèrent dans un pays d'une fertilité merveilleuse, produisant des fleurs admirables dont les parfums suffisaient pour faire vivre ses habitants, qui n'avaient

Icare-Ménippe s'envolant vers la Lune.

point d'autre nourriture, et qui cependant se trouvaient très heureux d'un semblable régime. En effet, il y avait dans ce séjour enchanté un nombre prodigieux de palais habités par des femmes charmantes, où l'on donnait nuit et jour ces représentations théâtrales dont les Chinois sont si friands et qui durent quelquefois des semaines entières.

La disposition si bizarre des scènes chinoises ne serait qu'une réminiscence de ce que les deux voyageurs auraient vu dans la Lune. C'est dans la Lune qu'ils auraient appris à donner à leurs acteurs des costumes

Astolfe, monté sur l'hippogriffe, va chercher dans la Lune le bon sens de Roland.

extraordinaires, et à représenter les décors par de simples paravents sur lesquels des artistes écrivent avec un sang-froid superbe : Ceci est un palais, ceci est

3

une prison, ceci est une forêt, ceci est une montagne.
— La Lune est trop près de nous pour que les Grecs
n'aient pas disputé depuis longtemps aux Chinois l'honneur d'aller voir ce qui s'y passe.

Lucien de Samosate raconte dans ses dialogues qu'un
Grec nommé Ménippe parvint à s'attacher aux épaules
des ailes d'oiseau, à l'aide desquelles il put s'élever au-
dessus des nuages en imitant le fils de Dédale. Mais
comme le nouvel Icare avait employé une matière
moins fusible que la cire, il put braver les rayons du
Soleil, et continuer son vol audacieux dans les régions
qui environnent la Terre de toutes parts.

Il parvint bientôt dans la sphère de la Lune et
résolut de s'arrêter pendant quelque temps à la surface de notre satellite, sur lequel les philosophes
avaient déjà, de son temps, raconté tant de contes de
nature à exciter sa curiosité.

Tout le monde connait l'histoire d'Empédocle, philosophe de l'antiquité, célèbre à la fois par sa doctrine
bizarre, par sa vie étrange, et par sa mort mystérieuse.

On dit, en effet, qu'il était descendu dans le cratère
de l'Etna afin de mieux étudier les tremblements de
terre et qu'il aurait été surpris par une éruption qui
avait rejeté une de ses sandales d'airain à la surface de
la Terre.

Lucien suppose que ce grand homme n'a pas suc-
combé à un phénomène aussi terrible, mais que cette
violente explosion n'a produit sur lui d'autre effet que
de le transporter à la surface de la Lune.

Tout couvert de fumée à la suite de cette étonnante
aventure, et ressemblant beaucoup plus à un charbo-
nier qu'à un sage dont toute l'antiquité avait célébré le

faste, Empédocle était devenu tout à fait méconnaissable. Comme il se rendait compte de ce que sa mine étrange avait d'effrayant pour un habitant de la Terre, il profita de ce que Ménippe lui tournait le dos, pour lui adresser la parole, ce qu'il fit en excellent grec.

Grâce à cette précaution Ménippe se laissa approcher sans prendre la fuite vers les régions supérieures, et demanda au nouveau venu qui il était.

Dès qu'il eut appris qu'il avait devant lui un compatriote aussi célèbre, il lui demanda comment il pouvait vivre dans un lieu dont l'aridité était plus grande que celle du désert de Jupiter Ammon.

Empédocle lui apprit qu'il subsistait en buvant la rosée que la Lune attirait en abondance, mais que ce régime était très peu confortable, et qu'il éprouvait de temps en temps d'épouvantables fringales, lorsqu'il se rappelait les excellents dîners qu'il avait faits avant de quitter la Terre.

A cette époque on croyait que les hommes étaient chargés de nourrir les habitants du ciel, à l'aide de l'encens qu'ils faisaient brûler sur les autels. Il paraît que ce genre singulier de mets était tellement du goût des dieux qu'ils les préféraient à l'ambroisie, et qu'ils persécutaient les hommes toutes les fois que ceux-ci les oubliaient pendant trop longtemps. Se sentant pris de pitié pour une si illustre misère, Ménippe promit à Empédocle de lui adresser des prières à chaque nouvelle Lune et de lui brûler de l'encens.

Mais le philosophe ne voulait pas que son hardi compatriote crût que c'était par avidité, et non par sympathie, qu'il s'était approché de lui, et il le pria de n'en rien faire. Il l'engagea à continuer un voyage qui le

rendrait immortel, et lui donna quelques conseils sur
la manière de développer la sensibilité de son œil, ainsi
que de se servir de ses aîles dans les régions supérieures.

S'étant assuré que ses avis avaient été compris, il dis-
parut en se résolvant en fumée, et Ménippe reprit sa
route.

A peine quittait-il la sphère de la Lune qu'il entendit
une voix féminine très douce.

Prévoyant que cet homme intrépide réussirait dans un
voyage entrepris avec tant de hardiesse, notre satellite
s'efforçait de tirer parti d'une occasion aussi rare pour
faire parvenir ses réclamations aux pieds du maître de
l'Olympe. En effet Jupiter, tout entier aux intrigues et
aux passions dont Ovide nous a décrit les orages, négligeait beaucoup la pauvre Lune, et ne se préoccupait
que médiocrement des insultes qu'elle recevait en
quelque sorte chaque jour non seulement des dieux,
mais encore des hommes. Cette voix mystérieuse et
touchante s'exprimait dans la langue d'Homère.

« Rends-moi le service de dire à Jupiter que je suis
excédée de toutes les extravagances que j'entends débiter sur mon compte, sous le nom de philosophie. Ceux
qui en font profession n'ont d'autre occupation que de
se mêler de mes affaires, de deviner ce que je suis, de
mesurer ma grandeur, de dire pourquoi je suis tantôt
pleine, tantôt coupée en deux, tantôt réduite à un croissant. Les uns prétendent que je suis habitée, les autres
que, semblable à un miroir, je suis pendue au-dessus
de la mer; ceux-là vont jusqu'à dire que ma lumière ne
m'appartient pas et qu'elle me vient du Soleil; ils ne
cessent de m'exciter contre mon frère; ils finiront par

me brouiller avec lui, car ils l'ont déjà mis de bien mauvaise humeur en prétendant qu'il n'est qu'un morceau de pierre ou de fer rouge!

« Ce n'est pas ma faute si l'on découvre tant d'actions honteuses et infâmes de ces hommes frivoles et débauchés qui pendant le jour prennent un air sévère pour en imposer à la foule; si je les vois commettant un crime, vite je me couvre d'un nuage. Malgré la trop grande indulgence que j'ai pour eux, ils continuent à me déchirer dans leurs propos, à m'accabler d'outrages! N'oublie point de rapporter tout cela à Jupiter; ajoute que je ne saurais demeurer plus longtemps dans cette région s'il ne ferme la bouche aux dialecticiens, s'il ne renverse le Portique, s'il ne foudroie l'Académie, s'il ne met fin aux discussions des péripatéticiens. Ce n'est que par la ruine de ces infâmes édifices, et la dispersion de ceux qui les remplissent de leurs sophismes, que je pourrai avoir la paix dont j'ai besoin pour remplir ma mission céleste. »

On peut bien supposer que Jupiter a foudroyé l'Académie qui se tenait à Athènes, car un vent de dévastation et de carnage a passé sur les lieux que les sages ont immortalisés; mais il n'y a point, en revanche de petite capitale moderne qui n'ait ses Académies ainsi que ses Portiques. Souvent la Lune a été mesurée comme à l'époque de Ménippe par la durée du temps qu'elle met à traverser l'ombre de la Terre : on ne s'est pas borné à discuter sur la nature des taches que l'on entrevoyait d'une façon vague à sa surface; on a torturé la lumière qu'elle nous envoie, en recevant ses rayons à travers les lentilles des lunettes astronomiques, et les miroirs de nos télescopes, ou dans les prismes de nos spectroscopes. On les a même obligés à reproduire les moindres détails de sa figure.

Que de raisons différentes pour craindre que notre compagne ne mette à exécution les menaces qu'elle proférait du temps où l'esprit de Lucien faisait oublier aux Grecs les malheurs de leur poétique patrie !

On a souvent comparé, non sans motif, Voltaire au spirituel enfant de Samosate, mais je ne crois pas que l'on ait remarqué que le successeur du sceptique Grec a agi à peu près comme s'il avait eu peur de voir la Lune nous quitter dans un moment de mauvaise humeur. En effet, il a consacré une grande partie de sa longue carrière à faire la propagande de la physique de Newton, dont le but est bien d'attacher la Lune autour de la Terre par des liens tout à fait indestructibles et indissolubles.

L'illustre philosophe nous montre que le globe de la Lune est retenu par l'énergie mystérieuse qui émane de chacune des particules de la Terre. Il s'est élevé à la hauteur d'un véritable lyrisme pour nous rassurer contre les chances d'un divorce.

Si les physiciens modernes ont conçu à ce propos quelques craintes, c'est au contraire parce qu'ils se demandent non sans effroi si un jour ou l'autre l'union ne deviendra pas trop intime, si se rapprochant indéfiniment de nous par un mouvement spiral, la Lune ne finira pas par nous tomber sur la tête.

La fiction audacieuse du Grec l'a conduit à montrer le monde gouverné par un tyran capricieux et évaporé, infortuné mari d'une femme acariâtre et jalouse. Au contraire le génie de l'Anglais lui a permis de retrouver les droits de la Providence divine inscrits dans les mouvements des globes d'or qui se meuvent dans les espaces célestes. Car la chaîne qui lui a servi à fixer la Lune dans son orbe lui a permis d'attacher également les planètes et les soleils.

Lorsque l'esprit humain se plaît à sonder les profondeurs de l'espace infini que peuplent les nébuleuses, il s'aperçoit que cette Lune, qui paraît si éloignée, en la comparant aux distances que nous pouvons parcourir ici-bas, est encore trop voisine. Il n'est donc pas étonnant que trouvant la Terre trop étroite, l'Arioste ait envoyé un de ses héros dans la Lune : l'armée des Chrétiens était perdue comme celle des Grecs l'aurait été, si Achille n'était revenu prendre son rang dans les batailles. Roland, le plus brave de leurs paladins avait déserté, et s'était réfugié dans les profondeurs de l'Afrique, pour y porter son amour et sa fureur !

La position de Charlemagne était même plus désespérée que celle d'Agamemnon. Roland n'avait plus un atome de bon sens; il était frappé de folie incurable jusqu'à ce qu'on lui rapportât ce qui lui avait été dérobé.

Heureusement le cheval ailé du vieux magicien Atlant est tombé entre les mains des chrétiens. Le paladin qui l'avait capturé avait appris l'art de guider son vol avec l'écu resplendissant qu'il portait au bras. L'aventureux Astolfe se sert de ce coursier magique dont la vitesse dépasse celle de l'électricité, et dont les bonds surpassent les monts orgueilleux que franchit Pégase : il court l'univers à la recherche de cette raison précieuse, explorant sans succès la terre et l'onde, les vallées et les monts.

Après bien des aventures dont il serait inutile de rapporter ici le détail, Astolfe rencontre l'apôtre Pierre qui lui apprend que cette raison si précieuse, à laquelle le salut du monde Chrétien se trouve attaché, n'existe plus sur la Terre. Pour la rapporter au héros et le rendre ainsi à la possession de soi-même, il faut que l'intrépide cavalier se décide à se servir de son hippogriffe pour l'aller chercher dans la Lune, où elle a été transportée par la force des enchantements. Astolfe ne recule pas devant une si hasardeuse entreprise et il dirige le vol de son cheval magique vers notre satellite.

La surface de cette planète merveilleuse est aussi brillante que l'acier le plus pur. Si l'on y comprend les vapeurs qui l'entourent, sa grandeur n'est pas moindre que celle de la Terre.

Le guide d'Astolfe le conduit dans un vallon placé entre deux hautes montagnes où sont recueillies toutes les choses perdues par notre faute, par les injures du temps. Astolfe y trouve entassés tous les vœux, toutes les prières que les malheureux adressent au ciel. Il y voit les larmes et les soupirs des amants, le temps perdu au jeu, les heures consommées dans l'oisiveté, les vains projets laissés sans exécution, les frivoles désirs.

Il se fait expliquer ce qui lui paraît le plus étrange. En effet son attention se porte malgré lui sur une infinité de petits ballons gonflés d'air, d'où sortent des cris tumultueux. Saint Pierre lui apprend que ce sont les vociférations proférées par les prétendants aux trônes des Assyriens, des Babyloniens, des Lydiens, de tous ces peuples dont nous ignorons aujourd'hui presque les noms. Des serpents à têtes de jeunes filles représentent les ruses des escrocs, et les tours des faux monnayeurs : Astolfe arrive bientôt devant une immense caverne qui avait frappé son attention à mesure qu'il s'appro-

C. Guillemin

Cyrano de Bergerac et ses fioles de rosée.

chait du but de son voyage; son guide lui dit de s'y engager. Sans hésiter, sans trembler, le héros pénétre hardiment dans un immense souterrain qui servait à recevoir la partie du bon sens naturel à chacun des habitants de la terre, que mille circonstances faisaient perdre, et qui bien avant la mort s'en allait nous attendre dans la Lune. Cette sorte de cave était pourvue d'un surveillant spécial.

Le génie chargé de cette mission de confiance avait soigneusement rangé sur des étagères une multitude de fioles portant le nom des différents habitants de la Terre, et dans lesquelles se trouvait la portion de leur bon sens qu'ils devaient y trouver après leur mort. Il n'y avait pour ainsi dire aucune fiole qui fût vide et celle d'Astolfe n'était pas des moins pleines.

Notre paladin n'eut garde de la saisir, peut-être parce qu'il sentait bien que s'il la rencontrait, il ne monterait plus jamais sur son hippogriffe; mais il s'empara avec un empressement facile à concevoir de celle de Roland, de cette fiole précieuse qui contenait les destinées du monde, et dans laquelle le liquide montait jusqu'au bord.

Une fois en possession d'un aussi merveilleux talisman, il s'empressa de revenir sur la Terre. Inutile de dire que Roland, guéri d'une façon aussi merveilleuse, retrouva toute sa vaillance, et que la cause qui avait su inspirer de telles tentatives triompha de la façon la plus éclatante.

Dans le cours de mathématique et de philosophie que lui fit Gassendi au collège de Navarre, Molière avait un condisciple d'un esprit railleur, bien digne de la Gascogne, sa patrie. Cyrano de Bergerac ne se contenta pas d'envoyer des héros dans la Lune, il voulut aussi y aller lui-même.

Notre Gascon raconte qu'il avait attaché autour de son corps une quantité de fioles sur lesquelles le Soleil dardait des rayons si ardents qu'il se sentit enlever en même temps que la rosée dont elles étaient pleines. L'ascension fut si prompte qu'il aurait dépassé la Lune, si quelques-unes de ses fioles ne se fussent brisées.

Lorsqu'il retomba sur la terre, le sol avait tourné sous ses pieds de sorte qu'il se trouvait au Canada (1). On le conduisit devant le vice-roi qui le reçut de la façon la plus distinguée, et discuta longuement avec lui sur la portée de la démonstration qu'il venait de donner du mouvement de la terre, alors soumis à contestations.

Comme il était tout rempli de projets d'expéditions lunaires, le vice-roi le laissa libre de renouveler ses expériences qui commencèrent par marcher assez mal, car il tomba d'assez haut, et des soldats ignorants, s'étant emparés de sa machine, y attachèrent des fusées volantes afin de faire tourner les roues qui en faisaient partie.

En effet, il parvint bien à s'élever assez haut à l'aide d'une machine fort compliquée, mais il ne put se soutenir, il perdit l'équilibre et il tomba assez malheureusement pour avoir besoin de se mettre au lit. Pendant qu'il se guérissait de ses blessures, des maladroits que sa tentative avait intéressée voulurent la reprendre pour leur compte.

Cyrano arriva à Québec au moment où l'on avait

(1) Ce n'est point par hasard que Cyrano retombe au Canada. En effet, les ennemis du système colonial se moquaient alors beaucoup de la découverte du Mississipi et mettaient en doute les merveilles qu'on racontait de la fécondité de ces terres alors lointaines. En prenant le Canada pour théâtre de ses exploits notre Gascon avertissait charitablement ses lecteurs qu'on ne devait pas croire un mot de ce qu'il disait.

commencé à enflammer ces artifices. Il sauta dans la nacelle espérant arrêter leur effet. Mais vains efforts, la machine se détacha de terre et Cyrano fut lancé dans l'espace.

Bientôt les fusées s'éteignirent, l'explosion s'arrêta et Cyrano se croyait destiné à une mort semblable à celle d'Icare. Quelle ne fut pas sa surprise lorsqu'il s'aperçut qu'il continuait à monter. Par une circonstance des plus bizarres il avait été sauvé par ses premières meurtrissures.

En effet, afin de les guérir, il s'était oint le corps avec de la moelle de bœuf, que la Lune aspirait avec une force facile à comprendre, quand on a lu les livres des astrologues, puisqu'ils nous apprennent qu'elle exerce une action si vive, qu'elle attire même la moelle qui se trouve dans l'intérieur des os des animaux vivants.

Grâce à cette circonstance imprévue, Cyrano continua tranquillement sa route, et aborda à la Lune, où il tomba dans un champ ou poussaient les fleurs d'une taille gigantesque d'une forme divine, et exhalant une odeur suave. L'influence de cette nature généreuse était si grande que Cyrano sentit une seconde fois tout l'entrain de la jeunesse. Il retrouvait là-haut ses plus belles années de la Terre.

Mais bientôt ces ravissements cessèrent, car notre Gascon fut aperçu par un être monstrueux et brutal qui s'empara de lui, et le mit sans façon dans sa poche.

Ce colosse exerçant la profession de charlatan le montrait aux peuples de la Lune comme un animal rare et il mena pendant quelque temps la vie d'un phoque courant les foires de la terre dans la baraque d'un saltimbanque. Heureusement, l'ancêtre du capitaine Gulliver trouva là-haut un Sélénite qui avait autrefois visité la Terre, du Temps des Nymphes, des Génies, des Fées, des dieux Lares, des Lémures, des Læmies, des Farfadets, des Incubes, des Mânes, des Spectres, des Fantômes, mais qui n'y avait plus reparu depuis les progrès de la philosophie. Cet esprit bienfaisant eut pitié de lui et le délivra d'une captivité si dure, si déshonorante. Peut-être ce personnage, qui avait connu les Agrippa, les Cardans, les Docteurs Faust, les chevaliers Rose-Croix, reviendra-t-il nous rendre de nouvelles visites, grâce au développement qu'a pris le spiritisme.

Les romanciers de nos jours ont voulu recommencer le voyage d'Astolfe, en tirant parti des découvertes de la science moderme. Comme l'Arioste, ils ont envoyé leurs héros dans la Lune, mais en employant des appareils excessivement compliqués, des ballons, des boulets de canon, en un mot des engins qui paraissent avoir fait peur aux Muses, car ils n'y ont rien vu de mieux ni de plus nouveau que ce qu'y avaient trouvé leurs prédécesseurs, avec des moyens de locomotion céleste beaucoup plus simples.

Edgard Poë met à profit, dans le premier de ses contes, la découverte des Mongolfier. C'est dans un aérostat qu'il place Hans Pfaall, l'explorateur de la Lune. Mais la majeure partie de son récit est consacrée à expliquer ce qui a dû se passer lorsque l'aérostat est arrivé au point neutre, où l'attraction de notre satellite contrebalance exactement celle de notre globe.

Il s'est donné beaucoup de mal surtout pour expliquer que la nacelle et la soupape ont dû changer de situation relative.

Ballon obéissant à l'attraction lunaire.

Malgré toute la puissance de son imagination bizarre, le fantaisiste américain, ne semble point empressé à nous décrire les merveilles que son héros a découvertes, et il cherche plutôt à exciter notre curiosité qu'à la satisfaire. Car Hans Pfaall n'effectue sa descente à Rotterdam que pour disparaître de nouveau dans l'espace, et depuis quarante ans nul ne sait ce qu'il est devenu.

Au milieu du xvii⁰ siècle, le célèbre Wilkins, évêque de Chester, publia un très intéressant ouvrage sur la découverte d'un nouveau monde. C'était un voyage à la Lune que ce prélat entreprenait, après avoir réuni une multitude de citations de la Bible et des auteurs sacrés pour prouver qu'on pouvait sans impiété aller y visiter des habitants analogues à ceux de la Terre. Malheureusement, on peut adresser au savant prélat un reproche du même genre qu'au bohème américain : il oublie de nous dire un mot des êtres étranges chez lesquels il a tant de peine à se rendre.

Mais, par compensation, l'appareil qu'il décrit, un siècle et demi avant la grande expérience d'Annonay, et cent trente ans avant l'invention de l'hydrogène, est un vase rempli d'air léger, nageant dans l'atmosphère comme un chaudron plein d'air ordinaire à la surface de l'eau. Il est impossible d'avoir un pressentiment plus net de l'appareil qui nous sert à courir dans la région des nuages.

M. Jules Verne est encore plus réservé, quoique le procédé qu'il choisit soit beaucoup plus compliqué. En effet il enferme ses voyageurs dans l'intérieur d'un énorme boulet cylindro-conique lancé par une pièce auprès de laquelle le gros canon de Woolwich n'est qu'un pygmée. Que de peines il prend pour raconter ce qui se passe dans l'intérieur de son singulier véhicule, qui n'aborde même pas la Lune, en fait le tour, et vient retomber dans la profondeur de l'Océan.

Quoique miraculeusement retirés du fond d'un des plus épouvantables abîmes du Pacifique, les intrépides, qui ont accompli ce voyage véritablement extraordinaire, ne sont pas plus avancés que s'ils s'étaient contentés d'explorer la Lune avec quelqu'une des lunettes astronomiques de notre époque. Le *Gun Glub* d'Amérique aurait agi sagement en employant autrement les sommes énormes que le boulet monstre a absorbées. Il aurait été plus sage de construire une lunette astronomique semblable à celle que l'on prépare en ce moment pour l'observatoire Lick, de San-Francisco, ou seulement à celle que M. Bishofsheim réserve à l'observatoire de Nice.

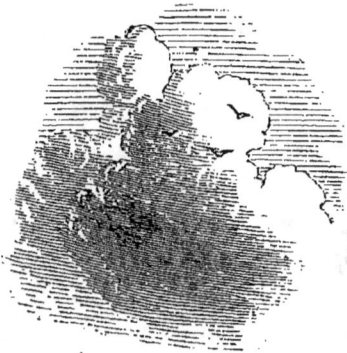

CHAPITRE IV

LE SONGE DE KÉPLER.

A plusieurs reprises les savants ont cherché à pénétrer dans ce monde où la raison seule peut s'introduire, mais d'où elle n'est point aussi complètement bannie qu'on pourrait le croire. Qu'est-ce qui empêche en effet d'appliquer sûrement la loi d'analogie à l'exploration intellectuelle de la nature ? Si l'on admet que la sublime ouvrière procède toujours de la façon la plus simple, la plus logique, la plus conforme à la grandeur du but qu'elle cherche à atteindre, on peut, en conservant ses veilles à la Lune, entrevoir quelques vérités plus rapprochées de la réalité vraie que les spéculations des historiens, qui cherchent à faire revivre les populations disparues de la surface de la Terre, et à remuer la poussière des siècles qui la couvrent !

La plus intéressante de ces études est sans contredit celle que rédigea Képler dans les dernières années de sa vie errante et tourmentée.

Lorsqu'il écrivit ces pages véritablement dignes de son génie, il venait de vérifier les découvertes de son ami Galilée. Son œil inspiré avait admiré avec une lunette envoyée d'Italie les montagnes merveilleusement tourmentées de notre satellite. Il avait aperçu les pics élevés qu'inonde une lumière si brillante, et

les ténébreuses anfractuosités qui voient si difficilement
les rayons du Soleil.

Sa puissante imagination n'a pas besoin d'employer
le cheval ailé d'Arioste, ou les ailes de Lucien. Il se
contente de raconter avec beaucoup de simplicité ce
qu'il a lu en songe dans un livre magique, écrit par un
Islandais nommé Duracoto, qui a reçu les confidences
d'un génie appelé de la Lune, au moment où elle était
nouvelle, et se trouvait de plus dans le voisinage de la
grande étoile de la constellation du Taureau.

En dépit de la réserve qu'il était obligé de s'imposer
pour ne pas être poursuivi comme coupable de magie
et de sortilège, il nous révèle tous les points essentiels
de la philosophie lunaire.

Son cœur est pénétré d'un sentiment trop élevé de la
bonté et de la justice du créateur pour croire un seul
instant qu'il ait réservé exclusivement à la Terre le
sublime privilège de nourrir des êtres intelligents. Il
ne doute pas que la Lune ne soit habitée par des êtres
qui sont intellectuellement semblables aux hommes,
quoique leur organisation corporelle puisse être bien
différente, qui peuvent avoir atteint un degré de civilisation plus avancée, qui possèdent peut-être des arts
que nous ignorerons toujours, et des organes dont nous
n'avons aucune idée, mais qui n'en ont pas moins le
devoir de proclamer les mêmes axiomes de morale, de
géométrie, de philosophie, et qui sont tenus comme
nous de pratiquer la vertu, de contrôler leurs passions,
de défendre leur patrie, d'aimer leur famille et leurs
semblables.

Les anciens avaient déjà deviné que le globe de la
Lune nous montre constamment la même face. La

lunette que Galilée avait envoyée confirma ce fait d'une
façon éclatante. Elle lui a permis de constater que cette
région est réellement hérissée de montagnes dont l'as-

Képler.

pect ressemble aux nôtres, mais dont la hauteur relative dépasse celle des plus hauts pics des Pyrénées,
ou du Caucase. Le caractère général de cette contrée
est essentiellement alpestre.

La source de la lumière et de la chaleur est le Soleil comme chez nous, mais la répartition des jours et des nuits est bien différente. En effet, le Soleil ne se couche pour les Sélénites qu'après être resté au-dessus de leur horizon pendant plus de trois cents de nos heures.

Mais le Soleil ne peut briller pendant si longtemps sans produire une chaleur dépassant de beaucoup celle de notre Sénégal, sans évaporer toutes les eaux, sans chasser tous les nuages.

D'un autre côté une nuit d'une durée pareille amène des froids d'une intensité dont les habitants des régions polaires de la Terre, peuvent seuls se faire une idée exacte. Douze ou treize fois par an les Sélénites passent d'un climat semblable à celui des Esquimaux à une température que ne pourraient pas supporter les nègres habitant notre équateur!

Képler put également reconnaître une vérité physique d'une haute importance. On dirait que la nature s'est plu à border l'hémisphère qu'elle nous montre par un cadre de chaînes de montagnes particulièrement infranchissables. Le génie raconte donc au marin islandais que notre satellite est peuplé par deux races n'ayant aucune communication l'une avec l'autre et s'ignorant aussi profondément que si le destin les avait fait naître sur deux planètes différentes.

Les Sélénites habitant l'hémisphère qui nous est caché ne peuvent pas se douter qu'il existe au-dessous de leurs pieds un globe immense autour duquel leur monde est enchaîné, et qui fait qu'au lieu d'être une courbe simple comme la nôtre, leur orbe offre une série de dentelures et de franges d'une complication si curieuse.

Les Sélénites *cultivant* la face qui nous regarde ne doivent point être bien plus avancés sur la théorie des mouvements célestes. En effet, à moins de posséder des astronomes d'un génie bien pénétrant, ils ne doivent pas supposer qu'ils exécutent chaque année douze ou treize révolutions complètes autour d'un disque mystérieux, planant imperturbablement dans le même point de leur ciel, ne cessant d'être visible que parce que la lumière du soleil l'écrase par sa concurrence. Il leur est bien difficile de se défendre de l'idée que ce monde est créé pour servir de contre-poids au leur, et que son principal but est de diminuer les ténèbres de leurs nuits si longues, en un mot ils ont de bien sérieux motifs pour prétendre qu'il n'a de raison d'être que les services qu'il peut leur rendre.

S'il est une opinion universellement répandue parmi les diverses humanités qui habitent les différentes terres du ciel, c'est l'importance extrême qu'elles doivent s'attribuer dans le plan général de la nature.

Qui oserait reprocher à Képler d'avoir donné aux Sélénites des opinions aussi impertinentes?

Ce qui doit confirmer les savants Lunaires dans leur orgueil, c'est qu'ils reconnaissent facilement que ce globe, dont l'immobilité est si grande, tourne cependant sur lui-même, avec une régularité d'autant plus surprenante qu'il offre des phases analogues à celles que leur patrie nous montre à nous-mêmes.

Képler pense que de toutes les particularités de la Terre, cette singulière faculté d'exécuter un tour en 24 heures les a surtout frappés, qu'elle a servi à la désigner, et que dans leur langue ils lui ont donné un nom qui l'exprime. Il le traduit par l'épithète latine

Volva, qui veut dire la tournante, et il s'en sert pour distinguer les deux nations lunaires.

Les Sélénites qui ne connaissent pas la Terre sont distingués par lui sous le nom de *Privolves*, c'est-à-dire ceux qui sont privés de Volva. Aux autres, qui ont avec nous des rapports intellectuels, et qui peuvent penser à nous de même que nous pensons à eux, il réserve le nom de *Subvolves.* Ces deux désignations sont restées l'une et l'autre dans la science. Ces deux termes ont été employés tous les deux par les grands esprits, qui n'ont pas cru déroger en employant leurs loisirs à de semblables conjectures et, abrités par l'autorité de Képler, se sont demandé ce que nous devons penser des conditions de la vie à la surface d'un monde qui fait subir au génie de nos savants le supplice de Tantale. En effet, il se trouve placé assez près de nous pour que nos méditations puissent acquérir un certain degré de précision. Mais il en est en même temps trop éloigné pour qu'il nous soit possible de songer à trouver dans les conquêtes de la science moderne un moyen de réaliser nos rêves, et d'imiter, sans tomber dans le ridicule, ceux qui ont cherché à nous guider à cet égard d'une façon quelconque.

Fontenelle fait pourtant à ce propos dans sa *Pluralité des mondes* une remarque excessivement sérieuse, et qui dénote un esprit profondément philosophique.

Il dépeint en termes charmants l'étonnement des habitants des Indes occidentales lorsqu'ils ont vu arriver vers eux, dans des objets de forme inconnue qui volaient sur les eaux, des étrangers qui maniaient la foudre et qui étaient montés sur des monstres. En effet, ces inconnus avaient franchi les solitudes océaniques

qui ne semblaient pas moins interdites à l'homme que
ne le sont aujourd'hui les régions célestes.

Il est certain que tous les véhicules aériens connus
sont de bien mauvais moyens pour bondir d'un monde
à l'autre et pour se révolter contre la pesanteur.

Comme nous l'avons fait remarquer plus haut, on ne
peut songer à s'en servir que dans des fables peut-être

Képler aperçoit en songe deux anges.

moins intéressantes pour les enfants que les contes du
Petit-Poucet, de Barbe-Bleue, et du Chaperon rouge.
Mais qui nous dit que les nations lunaires ne seront pas
plus habiles que les nôtres, et qu'un jour ou l'autre
nous ne verrons pas descendre sur la Terre des voyageurs étrangers venant d'un monde, qui, astronomique-
ment parlant, se trouve dans la banlieue du globe que
nous habitons? Qui nous dit que, par suite de progrès

dont nous ignorons complètement la nature, ce phénomène ne se produira pas? Mais que deviendra alors
notre indépendance? ne serons-nous pas réduits en
esclavage plus facilement encore que l'ont été les
Indiens pour les compagnons de Pizarre et de Cortès?

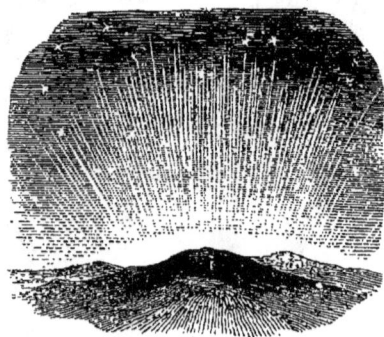

CHAPITRE V

Le père Kircher était un des hommes les plus ingénieux et les plus érudits du xviie siècle. Quoiqu'il n'ait pas à son actif de découverte de premier ordre, on lui doit une multitude de suggestions intéressantes. Son génie se porta sur tout l'ensemble des connaissances humaines.

A l'époque ou il écrivait, la cour de Rome avait reconnu l'erreur qu'elle avait commise en défendant la doctrine de Ptolémée, et récemment proclamé que le mouvement de la terre n'était point contraire à la doctrine orthodoxe.

Mais certaines personnes redoutaient que l'on acceptât la doctrine de Galilée qui croyait que toutes les planètes étaient habitées et la considéraient comme funeste à la doctrine de la chute et de la rédemption du genre humain.

Ce fut le père Kircher qui se chargea de combattre cette opinion dans un livre qu'il nomme le *Voyage extatique* (1).

Afin de s'acquitter de cette tâche, l'astronome pontifical a recours à un archange que le Très-Haut a chargé du soin de le guider, et qui n'est autre que Cosmiel le

(1) Nous ne prendrons de ce voyage que la partie relative de la Lune.

génie chargé de veiller à ce que chacune des planètes décrive fidèlement sa route le long de l'astre qu'il lui a assigné. Kircher ne pouvait tomber entre meilleures mains, dans son sommeil.

Cosmiel lui apparaît dans une vaste plaine. Il tient dans la main droite un bâton de commandement enrichi de pierreries, marque de sa dignité suprême. Ses pieds, ses mains et son visage sont les seules parties de son corps que Kircher puisse apercevoir, mais elles brillent d'un tel éclat qu'il sent que tous les membres de son interlocuteur sont formés par la condensation d'une matière divine. Sur sa figure rayonne une majesté suprême, et ses yeux sont empreints d'un génie si profond que Kircher s'agenouille en tremblant devant l'être puissant qui se présente à sa vue.

Celui-ci le rassure avec un doux sourire, et par quelques mots pleins d'onction divine, puis il l'enlève dans les régions supérieures, sans aucun effort. Kircher ne s'apercevrait pas qu'il s'élève dans les airs s'il ne voyait les objets diminuer peu à peu, si des nuages ne venaient se placer entre ses pieds et la surface de la terre. Quoique le savant jésuite soit avant tout un homme de foi, il a besoin de quelque temps avant de s'habituer au spectacle terrifiant qui se déroule à ses yeux. Mais en passant près de la Lune le hardi voyageur est déjà rassuré sur le mode extraordinaire de locomotion qu'il doit à la toute-puissance de son conducteur ; il a tout le sang-froid nécessaire pour examiner la première île de l'Océan céleste, près de laquelle il passe, pour se rendre compte de toutes ses impressions et les rapporter aux enfers de la Terre.

Il admire la hauteur des montagnes qui couvrent la

Lune et la profondeur des vallées qui s'y trouvent. Cosmiel ne lui donne pas le temps de l'interroger sur la forme, les mœurs et les habitudes des peuples qui habitent ce globe admirable, car il le prévient qu'il est tout à fait désert. Il lui apprend que le grand architecte de l'univers n'a pu peupler avec d'autres hommes une terre du ciel si voisine de celle que nous habitons. En effet, malgré la faiblesse de la distance qui nous en sépare, les conditions de la vie sont déjà trop différentes pour que des êtres formés comme nous à son image puissent y subsister. Si le Créateur avait voulu y placer des créatures, il n'aurait pu y mettre que des monstres : c'est ce que sa providence ne pouvait se proposer. Combien cette manière de raisonner est semblable à celle d'auteurs de nos jours, qui s'imaginent qu'il n'y a que sur la terre que se rencontrent, par une combinaison providentielle et fortuite, les quantités de chaleur et de lumière indispensables à la production de la vie, que partout ailleurs elle est impossible, et, que de tous les globes qui peuplent le firmament, notre atome est le seul qui ait l'honneur d'être habité.

Ce qui surprend encore notre voyageur c'est de ne pas voir d'eau à la surface d'un globe où les montagnes sont si grandes, et qui devrait être si riche en cascades. Cette remarque fait rire l'archange qui lui dit que la Lune est au contraire plus riche en eaux que la Terre.

Cosmiel apprend à son élève que le grand océan lunaire est sur la face qu'il ne voit pas encore, puisqu'elle est éternellement cachée à la Terre du côté de laquelle il se trouve.

S'il avait choisi la pleine Lune pour faire son excursion, il aurait vu que le fond des vallées qui lui parais-

sent semblables aux schoots des déserts algériens est
rempli d'ondes bouillonnantes. C'est à cette époque
qu'une partie de l'eau, qui couvre constamment l'hémisphère que nous ne voyons jamais, pénétre jusqu'à la
partie obscure de la moitié de la Lune qui nous regarde.

Cette théorie n'est qu'une adaptation à notre satellite
d'une opinion que certains géographes fameux de l'antiquité professaient pour la Terre, et à laquelle Kircher
n'était pas éloigné de croire, comme il est facile de nous
rendre compte.

En effet Pline et un grand nombre d'historiens grecs
et romains, dont Kircher avait déjà résumé les fables
dans son *Monde souterrain*, avaient imaginé qu'il existe
des rapports mystérieux entre des fleuves placés dans
des régions séparées par des mers profondes.

Pline rapporte que l'Alphée continuant son cours au-
dessous de la Méditerranée venait donner naissance à
une fontaine qui sortait de terre dans les environs de
Syracuse. Il ajoute même, à l'appui de son dire, que
cette source célèbre avait l'odeur du fumier chaque
fois que l'on célébrait les jeux olympiques, à cause de
la grande quantité de fumier qu'on précipitait dans
l'Alphée en nettoyant la ville construite sur ses bords,
ou se réunissait périodiquement le grand concours
de toutes les tribus Helléniques.

L'idée d'expliquer l'absence de l'eau de la Lune en
admettant qu'elle a été absorbée dans des cavités intérieures est encore en honneur de nos jours.

Elle a été développée avec beaucoup de verve et de
talent par M. Proctor dans sa *Poésie de l'astronomie*. Il
appuie cette affirmation sur des calculs très savants ba-
sés sur la vitesse avec laquelle la Lune a dû se refroidir.

Ce genre de considération a été également développé par Buffon de la manière suivante :

Si l'on croit que la Lune ait été tirée de la Terre par le choc d'une comète, qui a enlevé une partie de la matière au moment où elle était portée à l'incandescence, les deux astres ont dû se refroidir avec une vitesse inégale. En effet, la Lune étant 27 fois plus petite que la Terre, et ayant 81 fois moins de masse, a dû prendre beaucoup plus vite la température de l'espace.

Buffon estime que la Terre a dû mettre 33,911 années à descendre à un degré de chaleur assez faible pour que des êtres organisés pussent y vivre. Mais la Lune n'a dû en employer que 6,492 pour arriver à une température compatible avec l'organisation des premières plantes, et des animaux les plus anciens. La vie pouvait donc exister depuis 27,419 années à la surface de la Lune, lorsqu'elle a commencé à paraître sur la Terre.

Ces nombres n'ont pas été pris au hasard, mais résultent d'expériences faites à Montbard sur des laves portées à de hautes températures et abandonnées à elles-mêmes.

Le refroidissement de la Terre et de la Lune continuant, il a encore fallu à la Terre 40,936 années pour qu'elle arrivât à la température qu'elle avait en 1744, et qui était à très peu près celle qu'elle possède actuellement, puisqu'elle est arrivée à un état d'équilibre tel qu'on ne constate plus de refroidissement appréciable d'un siècle à l'autre. Plus favorisée, la Lune n'a plus eu besoin que de 7,684 ans pour arriver à ce degré. Malheureusement elle n'a pu s'y arrêter, de sorte qu'elle n'a pas tardé à éprouver tous les phénomènes de la vieillesse de la mort. Aujourd'hui après 33,385 années consécutives de pertes continues de chaleur, elle n'est plus qu'un informe amas de rochers glacés, abaissés à la température du zéro absolu, c'est-à-dire, celle du vide planétaire.

En continuant ses calculs, Buffon arrive à déclarer que dans 93,231 ans la Terre n'aura plus que la vingt-cinquième partie de la quantité de chaleur qu'elle possédait en 1744, et par conséquent à cette époque encore lointaine, il y aura longtemps que le dernier homme se sera éteint de froid et de misère.

Quant à notre infortuné satellite il était déjà tombé dans cet état de décrépitude, lors de la fondation de Rome !

M. Proctor ne se borne pas à rééditer et à perfectionner les calculs de son illustre prédécesseur, il fait remarquer que la rapidité du refroidissement de la Lune à dû produire des effets physiques connus sur ce globe. Il a dû se comporter non pas comme les puissantes coulées de laves qui sortent des volcans et qui donnent naissance à des pierres compactes, mais comme les scories qu'on retire de nos hauts fourneaux.

Cet astre spongieux et lacunaire a donc absorbé, depuis longtemps, la dernière goutte de ses océans primitifs.

Le sort que cette théorie a réservé aux peuples de notre satellite semble nous donner une image de celui qui attend nos descendants.

Évidemment, si l'on admet que les nations lunaires ont péri de la sorte, on ne voit pas pourquoi les nations terrestres échapperaient aux suites de l'imbibition des mers, quoiqu'elle doive être plus lente en raison de la nature plus ferme et plus compacte de leur planète

natale. Il est même certain que la catastrophe doit être
bien éloignée. Ceux qui sentiraient à cet égard quelques
inquiétudes n'auraient qu'à se rendre sur les bords de
l'océan pour se rassurer en voyant par eux-mêmes
tout ce que le sol de la Terre a encore à boire, avant de
subir le sort de son infortuné satellite.

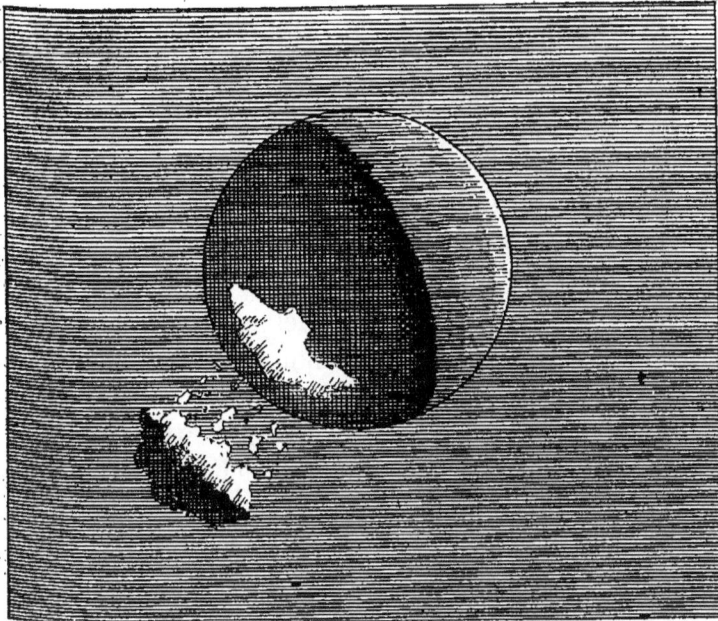

La Terre produisant la Lune.

Un des principaux adversaires de cette théorie
égoïste et grossière, refusant aux autres mondes l'or-
nement qui légitime la création des mondes, était ce
sympathique savant, qui se nomme Huyghens. Il était
si intimement persuadé que la Lune était habitée,
qu'il imagina de suspendre en plein air à des mâts fort
élevés des lentilles permettant de les apercevoir. Ce fut

5

à l'observatoire de Paris qu'il exécuta ces tentatives qui ne pouvaient évidemment réussir, mais qui auraient au moins permis de voir les objets lunaires aussi bien qu'avec les meilleurs télescopes de nos jours sans l'effet nuisible produit sur la position des lentilles par le moindre vent. Ce fut cette circonstance qui fit renoncer à l'expérience, qui n'a point été recommencée.

Voyant qu'il ne pouvait apercevoir les habitants des *terres du ciel* avec les lunettes, Huyghens chercha à les voir avec cette autre lunette qui va plus loin que les télescopes et qui se nomme la *raison*.

Car il ne doute pas un seul instant que les Terres du ciel soient habitées par des êtres intelligents comparables à nous; non peut-être par leur corps, mais incontestablement par leur esprit.

Peut-être leur manque-t-il quelqu'un de nos sens, peut-être en ont-ils d'autres que nous ne soupçonnons pas, mais leurs mathématiciens, s'ils parlaient la même langue, arriveraient à s'entendre avec les nôtres.

On ne saurait concevoir de planète où la théorie du carré de l'hypoténuse ne soit point exacte.

Il croit qu'il doit y avoir entre les habitants de Vénus, de Mars et de la Terre une assez grande ressemblance. Il ne suppose pas que l'homme de Mars diffère de l'homme de Vénus plus que l'Esquimau du nègre du Congo, mais il ne suppose pas qu'il y ait autant d'analogie entre l'homme de la Terre et celui de la Lune.

La raison en est simple. En effet, la Lune appartient en réalité à une autre famille de corps célestes que les planètes. Pour étudier ces analogies, il faudrait savoir ce qui se passe à la surface de ses sœurs qui sont les Lunes de Jupiter et celles de Saturne.

Huyghens est frappé, comme l'avait été Kircher, de la grande sérénité du ciel de la Lune à la surface de laquelle il est très disposé à admettre qu'on ne voit jamais de nuages.

Mais il ne s'empresse pas de déclarer que ce monde est désert, mort, maudit, qu'il est éternellement livré à la désolation?

Est-ce que l'on ne peut pas comprendre qu'il puisse s'y trouver un autre liquide que l'eau, liquide qui ne donne pas de nuages, mais qui joue le même rôle que notre eau terrestre, et qui figure dans tous les phénomènes organiques de la vie des Lunicoles?

Même quand il n'existerait pas d'eau ou de liquide analogue à l'eau dans notre satellite, Huyghens ne se tient pas pour obligé de la déclarer atteinte et convaincue de stérilité fatale.

Ne peut-on pas admettre qu'il y ait à la surface de la Lune des êtres dont la vie est entretenue d'une façon indirecte par l'eau que la Lune soutire à la Terre, qu'elle absorbe de telle manière que les plantes et les animaux qui l'habitent s'en servent comme d'une sorte de rosée? Est-ce que Lucien dans son Icaro-Ménippe n'a point découvert le régime alimentaire des Lunicoles?

L'impétueux Huyghens acceptera toutes les hypothèses, excepté celle qui fait de l'atome terrestre le domaine exclusif de la vie et de la pensée. Son clair entendement se révolte contre les sophismes de Kircher.

CHAPITRE VI

Il est incontestable que le retour du soleil est le premier phénomène céleste qui ait frappé l'attention des hommes. Cependant il est raisonnable de croire que c'est en réalité par l'observation de la Lune que l'astronomie a commencé, et les anciens peuples n'ont guère dû au Soleil que la connaissance, partagée avec les animaux supérieurs, de l'alternance des jours et des nuits.

La période annuelle ne se représente pas assez fréquemment dans notre vie pour que la détermination de sa durée ait pu être faite, sans une très longue suite d'observations, dont des populations sauvages sont peu capables. Les premiers ancêtres de l'humanité ont habité des régions où les différences des saisons sont si peu marquées qu'ils n'ont pu en déterminer la succession d'une façon bien précise.

Pendant longtemps les habitants des airs, comme Aristophane le fait remarquer dans son admirable comédie des *Oiseaux*, ont été seuls sur la Terre à deviner les approches du printemps. Il est fort possible que leur instinct sublime ait, comme le poète le leur fait dire, guidé l'homme dans la découverte de l'année.

« C'est nous, dit le chœur des Oiseaux, qui annonçons aux hommes les grands événements naturels. Nous proclamons le moment où commence le printemps, l'été ou l'automne. Lorsque la grue abandonne l'Europe pour les déserts de Lybie, elle indique qu'il est temps de confier les grains aux sillons, et que le pilote peut dormir en paix après avoir bien attaché son gouvernail. L'apparition du milan montre qu'il faut couper la toison des moutons. L'arrivée des hirondelles est un signal pour acheter une tunique légère, et leur départ pour se procurer un vêtement d'hiver. Nos présages sont moins trompeurs que ceux de Jupiter Ammon, d'Apollon Pythien, ou des chênes de Dodone. Est-ce qu'avant d'acheter ou de vendre, de se mettre en voyage, ou de célébrer leurs noces, les hommes ne commencent point par interroger notre vol? »

Le plus faible oiseau possède une vigueur incomparablement supérieure à la nôtre; ses muscles semblent constitués par une substance surhumaine, son œil possède une puissance qui paraît divine. On pourrait croire que les gracieuses colombes du siège de Paris étaient placées sous l'inspiration directe de quelque génie, lorsqu'elles revenaient dans la grande ville, après avoir échappé également aux faucons et aux balles des Allemands. Cependant nous sommes obligés de reconnaître que ces êtres si bien doués n'auraient pas suffi pour donner à l'homme la notion nette de la régularité qui préside au mouvement des astres. En effet, l'apparition et le départ des oiseaux voyageurs sont assujettis aux caprices d'Éole.

Mais de tout temps l'homme a eu, dans les régions supérieures, une alliée qui lui a permis de fonder sans trop de difficultés l'astronomie primitive. En effet, le cours de la Lune se développe dans une période assez courte, pour que l'on en puisse garder le souvenir sans un grand effort de mémoire. Son disque présente d'un jour à l'autre des différences d'aspect assez sensibles pour que l'attention soit constamment soutenue d'une façon suffisante, mais en même temps assez faible pour que l'esprit ne puisse perdre de vue la liaison qui attache ces transformations les unes aux autres.

Il est même arrivé que ces transformations donnent lieu à quatre phases parfaitement distinctes qui se succèdent à un intervalle régulier de sept jours.

Comme les hommes ont reconnu qu'il n'y a dans le ciel que sept corps errants, ils ont été vivement frappés de cette coïncidence. Ils ont consacré à chacune de ces planètes un des jours de cette période primitive et qui semblait avoir été créée par les dieux eux-mêmes.

La semaine est tellement enracinée dans l'esprit des hommes qu'on la retrouve dans tous les siècles, et qu'elle semble avoir été adoptée par toutes les nations. Il en est de même de la période qui est formée par l'ensemble des quatre phases.

Les Grecs se servaient indistinctement du même mot *mèn* pour la désigner ainsi que la Lune. Ce monosyllable vient en outre du radical sanscrit *mâ* qui veut dire *mètre*, mesure, de sorte que jamais étymologie n'a été aussi bien justifiée par les traditions scientifiques, et n'a si merveilleusement mis en lumière la manière dont nos ancêtres sont arrivés à mesurer cet élément mystérieux qui se nomme le temps.

L'aimable Fontenelle était si intimement persuadé de l'exactitude de cette opinion, qu'il déclarait hardiment à sa marquise que les habitants de Jupiter devaient être de très grands astronomes parce qu'ils avaient à leur disposition plusieurs lunes. Il croyait aussi que, privés de satellite, les habitants de Mars avaient gardé leur ignorance et leur barbarie natives.

La Bible nous montre que les premiers historiens employaient les Lunes pour déterminer la succession des événements historiques, ainsi que la durée de la vie humaine. L'extrême longévité attribuée aux patriarches ne prouve-t-elle point qu'aux yeux des écrivains de ces âges reculés les mois lunaires jouent le même rôle que les années solaires dans les récits d'Hérodote ?

Cette manière simple de compter par Lune était parfaitement suffisante pour les besoins des peuples pasteurs, toujours prêts à porter leurs tentes, et à conduire leurs bestiaux dans les régions où les pâturages sont abondants.

Dans ces temps primitifs, les astronomes d'Israël n'avaient pas la moindre formule ; c'était l'œil qui les guidait exclusivement. L'apparition de la Lune nouvelle était annoncée au chef de la tribu par les témoins qui l'avaient aperçue le soir, se dégageant des vapeurs solaires. Celui-ci accueillait cette nouvelle en prononçant à deux reprises le mot « Mekudash » qui veut dire *consacrée*. Il proclamait de la sorte le commencement du mois.

Quoique les Juifs pussent déjà prévoir à l'avance le moment où cet événement allait se produire, ils accueillaient cette annonce avec autant de satisfaction que si l'on avait à craindre que l'astre égaré ne revînt pas. Les mots sacramentels donnaient le signal des fêtes ou des réjouissances qui accompagnaient alors le renouvellement du mois.

Que de lunaisons ont dû s'accomplir avant que l'on se

soit aperçu dans les plaines de la Chaldée, qu'il en faut à peu près douze pour que le soleil accomplisse sa course. Alors on a pris l'habitude de compter par douzaine de Lunes, et l'on a formé une unité complexe à laquelle on a donné le nom d'année, et qui est resté en usage pendant bien des siècles, sous cette forme.

C'est seulement après la prise du Temple de Jérusalem, que les rabbins ont essayé de mettre d'accord le cours de la Lune avec celui du Soleil, et ont organisé un calendrier d'une complication extrême. Cette tentative audacieuse a été inspirée par le désir de concilier les traditions d'une astronomie purement lunaire avec les besoins croissants de la civilisation. Mis en rapport avec les Grecs et les Romains, les Israélites ont compris l'imperfection de leurs méthodes chronologiques, et ont tenté de fonder un nouveau comput dans lequel on combinait les avantages incontestables de l'année solaire avec ceux qu'offre évidemment une année lunaire. C'est de ce calendrier que les Israélites se servent encore aujourd'hui pour calculer l'échéance de leurs fêtes et il figure dans l'*Annuaire du Bureau des longitudes*.

Les musulmans ont repoussé le raffinement imaginé par les rabbins, et n'ont point accepté ces années dans lesquelles le nombre des Lunes est variable, car on en ajoute de temps en temps une de plus, comme un paysan met un œuf par-dessus le marché, pour faire le treizième, quand il veut plaire à ses clients. Ils préfèrent ne compter que par douzaine de Lunes, quoique leur Rhamadan réponde successivement à toutes les saisons, et qu'en une vingtaine d'années il parcoure successivement toutes les saisons.

Israélites venant annoncer au grand Rabbin qu'ils ont vu la Lune.

Les Ottomans, qui surtout depuis le commencement de ce siècle s'efforcent de mettre d'accord les exigences de la civilisation moderne avec les besoins réels de la superstition islamique, ont été obligés d'employer pour régler leur almanach un procédé moins grossier que l'observation directe.

Ils ont fait construire à Constantinople, par des astronomes français, des observatoires dans lesquels ils ont introduit les lunettes et les horloges des infidèles. Ils y ont apporté la *Connaissance des temps*, le *Nautical Almanach*, en un mot toutes les tables et toutes les éphémérides qui permettent de calculer plus d'un siècle à l'avance, quelle sera la marche de la Lune.

Ils sont donc parfaitement en état de dire quel sera la succession des lunes, et par conséquent d'établir pour les musulmans un calendrier aussi exact que celui des nations européennes.

On publie très régulièrement à Constantinople un almanach qui indique à l'avance, pour chaque jour du calendrier grégorien, la coïncidence avec l'ère de l'Hégire.

Les purs musulmans, les vrais apôtres de la guerre sainte, ont horreur des compromissions de ce genre. Ils ne croient pas que l'on puisse sûrement se fier à la science infidèle.

Aussi y a-t-il dans toutes les parties de l'Islam, une sorte d'insurrection contre ces innovations coupables. Aux yeux des fervents, les calculs savants des Romains ne méritent aucune espèce de créance, le mois ne commence que lorsque le muezzin, au moment de la prière du soir, a aperçu le croissant de la Lune se dégager matériellement des rayons du soleil. Il n'en est point autrement pour la Lune sacramentelle, qui annonce le commencement de chaque année, pour celle qui détermine l'origine de chaque siècle de l'Hégire, et pour celle enfin qui régla le premier jour de ce cycle fatidique qui vient de naître, et pendant lequel l'Islam doit reprendre tout son lustre.

C'est après avoir vu briller dans le ciel noir du Soudan le profil concave et argenté de la Lune de décembre 1883, que le mahdi a donné le signal de l'attaque des infidèles, par ses hordes intrépides et sanguinaires. Enflammés par la foi dans l'accomplissement de traditions antiques, les pauvres sauvages qu'il a fanatisés ont senti les accès d'une fureur irrésistible. Excités par la lumière sacrée que leurs imans leur ont montrée, ils ont retrouvé la farouche valeur des janissaires, et trempé leur cimeterre dans le sang des Égyptiens et des Anglais, voués à l'extermination par les prédictions du Prophète.

L'apparition d'une lune attendue d'avance a donc réglé le grand massacre, dont l'Europe sent encore aujourd'hui le contre-coup, et qui nous rappelle, à la fin du XIXᵉ siècle, les scènes les plus sanglantes de l'histoire des nations de l'antiquité, ou du moyen-âge.

Les prédications du fanatisme, exploitant les traditions de l'astrologie la plus grossière, ont donc triomphé des efforts les plus savants, les plus soutenus d'une des grandes nations civilisées; c'est un résultat peu flatteur pour l'orgueil légitime d'un libre penseur, mais dont il est impossible de ne pas tenir compte dans les annales du progrès.

Il est bon de rappeler à ce propos qu'un des premiers actes de Mahomet a été de donner une preuve signalée

Iman lançant les Noirs du Soudan sur les Anglais.

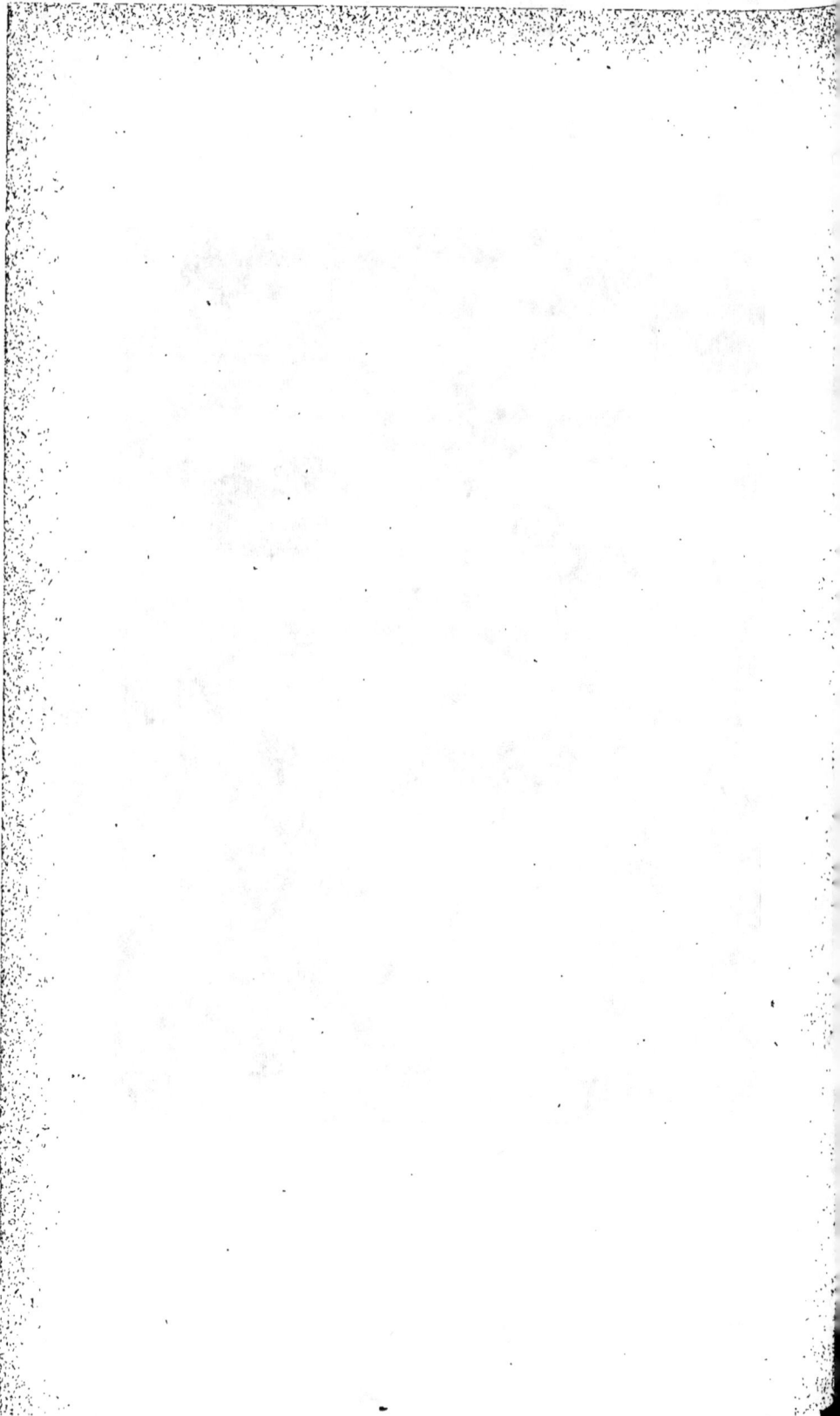

de son attachement au vieux calendrier primitif, que les Arabes idolâtres avaient pris aux tribus juives et que Juifs et Arabes avaient emprunté aux Chaldéens.

Bien avant l'islam, les habitants de la Mecque adoraient la Pierre noire d'Abraham qui se trouvait déjà dans la Kaabah, et qui y attirait de toutes les parties de l'Asie une multitude de voyageurs, venant rendre hommage au Dieu de ce patriarche.

Ces pèlerinages étaient la fortune de cette antique cité que gouvernait la famille aristocratique des Koréischites. Leur échéance était calculée d'après les prescriptions de l'ancienne astronomie lunaire, de sorte qu'ils se faisaient tantôt au printemps, tantôt en été, tantôt en hiver, tantôt en automne.

Les Koréischites, ayant remarqué que les pèlerinages du printemps étaient les plus suivis, se décidèrent, vers le commencement du ve siècle de l'ère chrétienne, à adopter le calendrier rabbinique qui leur permettait d'avoir toutes les années cet immense avantage, mais cette innovation ne fut pas du goût des tribus nomades, et l'on peut la considérer comme une des causes de l'insurrection de Mahomet.

Aussitôt que ce prophète se fut emparé de la Mecque, il s'empressa d'y accomplir le pèlerinage, en rétablissant l'ancienne date. Depuis personne n'a osé défaire ce que Mahomet avait établi avec le conseil de l'ange Gabriel. Les musulmans bravent encore, quand la Lune l'ordonne, les ardeurs dévorantes du Soleil.

Lorsque le roulement de l'année lunaire de 354 jours dans l'année solaire ramène les pèlerinages d'été, les Hadjis ont à souffrir de grandes privations; les routes du désert sont sillonnées de cadavres d'hommes et de cha-

meaux, les maladies épidémiques se développent à la
Mecque qui devient un foyer d'infection. C'est alors que
les commissions sanitaires doivent redoubler de vigilance pour empêcher que notre Europe ne devienne la
proie du choléra. Ils n'y parviennent pas toujours et la
contagion moissonne quelquefois des milliers de victimes dans toutes nos grandes villes.

Promenade du Dragon, en Chine.

6

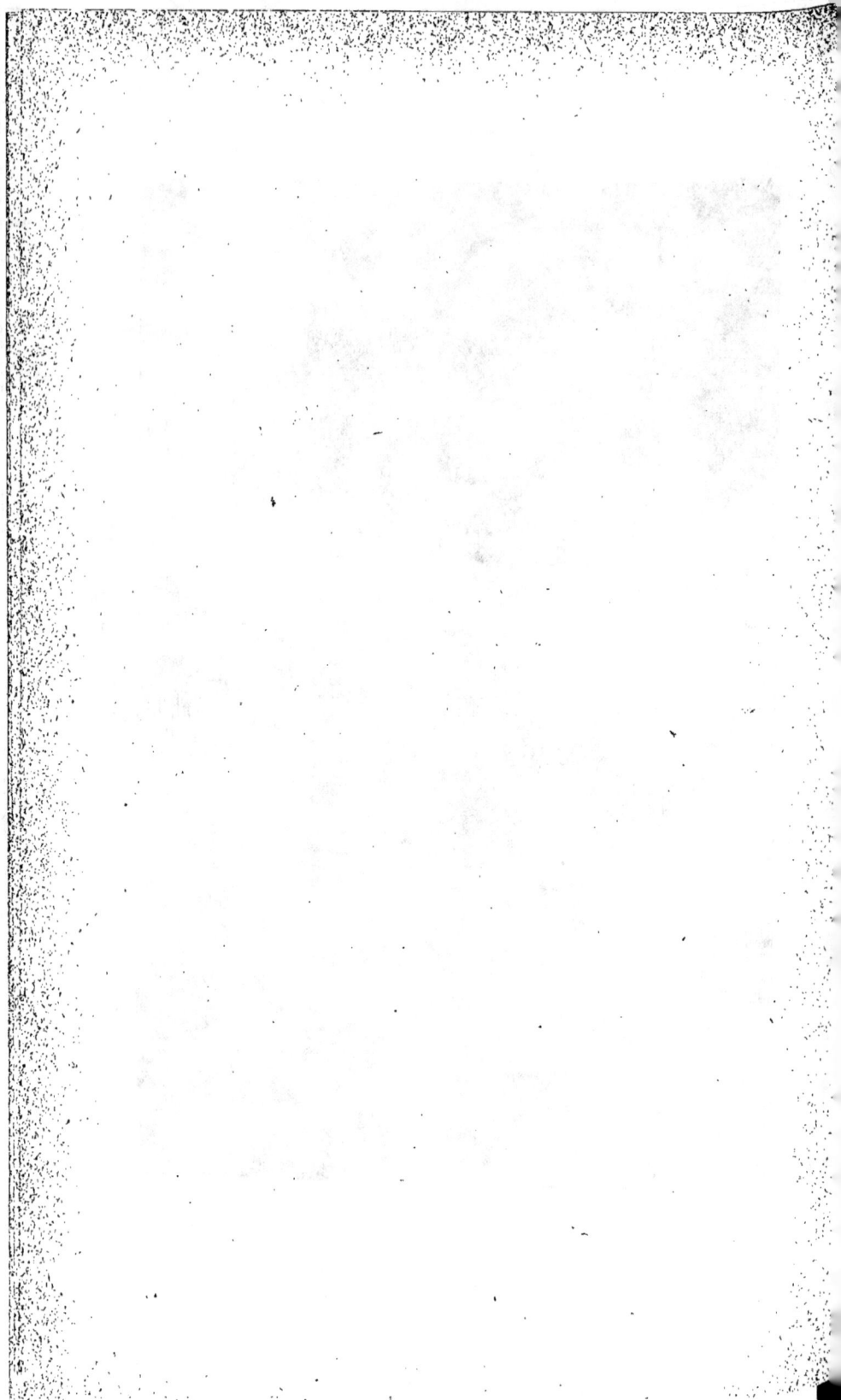

CHAPITRE VII

LA LUNE EN CHINE.

L'on ne saurait trop insister sur le caractère idolâtrique qui forme le fond du gouvernement chinois, de sorte que les croyances les plus abjectes qui florissaient du temps des Césars se retrouvent encore aujourd'hui chez la nation la plus nombreuse de toute la terre, ou bien de celle qui serait de beaucoup la plus puissante, si le génie de la victoire se trouvait toujours, comme on l'en accuse, du côté des gros bataillons.

Ces superstitions forment à vrai dire le fonds du caractère national, car l'astrologie est partout en Chine. On s'adresse sans relâche aux astres et leurs interprètes forment dans toutes les parties de l'empire une corporation puissante que la Lune fait surtout vivre. Car on la consulte plus fréquemment que tous les autres astres pris ensemble.

Il n'est pas superflu de dire que le mot de « fils du ciel » n'est pas du tout un vain mot dans la bouche des mandarins.

Ces hauts fonctionnaires affectent en effet de considérer l'empereur comme étant une incarnation de l'ordre éternel. Ils le considèrent officiellement comme le frère cadet du Soleil, et en même temps, comme le frère aîné de la Lune.

Il se prosternent à ses pieds avec autant de dévotion que lorsque les boudhistes se jettent aux pieds d'une idole. Le respect qu'ils éprouvent pour le chef de leur gouvernement n'est point dépassé par celui que les bonzes affichent pour le Dalaï-Lama.

On comprend qu'ayant ainsi une foi entière dans sa nature excellente et supérieure ils le chargent du soin d'exécuter les sacrifices publics sur les autels que l'on a élevés dans le fameux temple du Ciel, où les astronomes civilisés ont reçu de la part du jeune souverain une hospitalité magnifique.

Mais cet acte d'intelligence de la part du fils du ciel n'a point été du tout favorable à la cause du progrès par suite de circonstances étranges.

L'empereur ayant manifesté le désir de prendre part à l'observation, Watson se prêta à son désir. L'observation se fit à l'heure indiquée avec une précision merveilleuse, elle fut magnifique ; l'empereur se retira enchanté de ce qu'il apprit, et manifesta son grand contentement par un édit et des lettres écrites avec le redoutable pinceau vermillon.

Mais à peine était-il rentré dans son palais qu'il tombait malade d'une attaque de la petite vérole, et quelques jours après il rendait le dernier soupir.

Le mot chinois qui indique le passage d'un astre sur le soleil étant le même que le terme employé par les mandarins pour désigner la petite vérole, on en tira la conclusion que l'empereur avait été empoisonné par les maléfices des astrologues étrangers. La mort d'un souverain jeune, sympathique, à l'esprit ouvert, a été une calamité, non pas seulement parce qu'il a privé le trône d'un prince qui pouvait suivre la politique civilisatrice de son aïeul Kanhi, mais parce qu'elle a été exploitée par les adversaires de la science européenne qui repoussent les télégraphes électriques et les chemins de fer. C'est à partir de ce moment qu'a commencé la persécution des sciences occidentales qui a eu son apogée lors de la fermeture de la ligne de Wampoo.

Le 1er et le 15 de chaque mois, les Chinois célèbrent des fêtes qui ont un certain rapport avec celles que les Hébreux, les Égyptiens, les Perses, les Grecs et les Romains ont instituées et que l'on peut comparer à nos Dimanches. Anciennement on avait l'habitude de faire des sacrifices à la Lune dans toutes ces différentes circonstances, mais on se contente aujourd'hui de l'honorer d'une façon spéciale au milieu du huitième mois; cette cérémonie est bien connue des étrangers sous le nom de fête des Lanternes et elle est célébrée avec une pompe remarquable.

Les Chinois montrent leur joie non seulement en offrant des sacrifices dans la salle des Ancêtres, mais encore en montant sur le toit des maisons où ils suspendent de longs bâtons portant des lanternes allumées et toutes espèce de bannières.

La fête est surtout remarquable à Canton et dans les ports où se trouvent des populations qui vivent sur l'eau et se livrent, comme les habitants de la terre, à ce débordement de lumière et de plaisir de tout genre.

Dans cette occasion, la liberté est plus grande que jamais, de sorte que la fête de la Lune ne peut être mieux comparée qu'à notre carnaval.

C'est alors que l'on voit sortir principalement le dragon, espèce de machine en étoffe transparente et en osier, qui a des dimensions colossales mais qui imite à merveille toutes les évolutions d'un serpent lumineux, rampant au-dessus des têtes de la foule.

Pour produire cet effet, les porteurs qui tiennent à deux mains un morceau de bambou soutenant un anneau n'ont qu'à élever ou abaisser les bras à un moment convenable.

L'appareil est admirablement construit pour se prêter à tous les mouvements imaginables, car chaque bambou soutient un cerceau auquel une lanterne a été attachée.

La plupart des lanternes de papier employées pour la fête de la Lune sont achetées pour la circonstance. La vente commence trois ou quatre jours avant la fête et se continue avec une ardeur incroyable. Il y a des marchands qui ne font rien du tout pendant tout le reste de l'année, et qui pendant cette semaine se dédommagent amplement de si longs loisirs forcés.

Les lanternes chinoises ont toute espèce de formes, quelques-unes sont cubiques, d'autres rondes, quelques-unes ont des figures d'animaux. Il y en a que l'on peut faire rouler à terre sans éteindre la lampe qu'elles ont dans l'intérieur. D'autres, qui ont la forme d'ânes ou de chevaux, sont montées sur roues, quelques-unes tournent d'elles-mêmes, l'air chauffé faisant l'office de moteur.

Les Chinois déploient en l'honneur de la Lune toute l'ingéniosité dont ils sont susceptibles, mais ils ne négligent jamais de sacrifier à la superstition qui fait le fond de leur caractère. En effet un grand nombre de lanternes sont formées en papier rouge et portent une série de trous d'épingles dessinant des caractères chinois qui veulent dire « bonheur, joie, prospérité. »

C'est sous la plus belle et la plus brillante de ces lanternes que la famille se place pour manger son *taro* bouilli, et l'on admet généralement que cette pratique est excellente pour porter bonheur pendant tout le reste de l'année. Elle a, de plus, la réputation de donner à la vue toute la netteté désirable.

Sacrifice au dieu de la cuisine, au commencement de la première Lune de l'année.

Dans le nord de l'Empire et particulièrement à Pékin, la fête de la Lune a lieu au commencement de la pre-

mière Lune de l'année, et se confond avec les solennités
du nouvel an. Celles-ci sont célébrées en Chine avec
une ponctualité et un éclat dont nous ne pouvons
pas nous rendre compte, malgré le peu de raison que
nous montrons nous-mêmes en semblable circonstance.

Les visites, qui ne sont en Europe qu'un devoir de
simple politesse, prennent, chez une nation crédule, un
caractère tout à fait différent. Elles font partie d'un culte
obligatoire, au même degré que les prières adressées
aux dieux lares, et notamment à celui de la cuisine.

L'adoration d'un personnage céleste aussi utile se fait
d'une façon fort économique à la portée de toutes les
bourses. Escorté de ses femmes, de ses enfants et de ses
serviteurs, le chef de la famille se rend processionnelle-
ment dans le sanctuaire de cette divinité. Il arrache
solennellement l'almanach de l'année qui vient de finir,
pour le remplacer par celui dont on va se servir.
Alors, il présente au dieu les offrandes qui lui sont destinées, et qui se composent modestement de tranches de
pommes de terre, ou de carottes, de pruneaux, d'un peu
de sucre et de quelques gâteaux que l'on mange pieuse-
ment a son intention, mais après lui avoir accordé les
génuflexions et les signes de tête dont les Chinois sont
si prodigues.

Heureusement la plupart des divinités que l'on adore
dans le Céleste-Empire se contentent des hommages que
l'on peut leur rendre, en faisant brûler sur leurs autels
des monnaies de papier doré ou argenté, qui figurent
des offrandes plus sérieuses. Mais les hommes sont
plus difficiles à satisfaire, et les créanciers chinois exi-
gent impérieusement à cette époque un payement en
monnaie moins symbolique.

Ils n'ont pas, comme les anciens Romains, le pouvoir de réduire leurs débiteurs en esclavage, mais ils sont armés de droits suffisamment terribles, pour rendre la vie insupportable. En effet, un usage auquel personne ne peut s'opposer leur permet de poursuivre de leurs injures celui qui ne les paie pas lorsque revient la première Lune, et même de s'installer en permanence dans son domicile.

Aussi le retour de cette Lune est-il attristé généralement par la mort volontaire d'un grand nombre de malheureux, n'osant commencer l'année sans avoir liquidé leur passif, et cherchant dans le suicide un refuge contre les réclamations d'un créancier impitoyable.

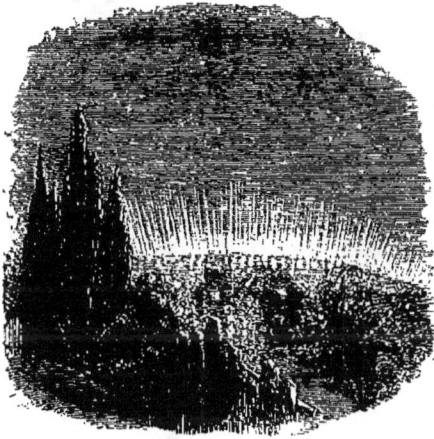

CHAPITRE VIII

LES ÉCLIPSES.

Rien qu'en énumérant les superstitions auxquelles la Lune a donné lieu, lorsqu'elle se trouve cachée par le Soleil, ou lorsqu'elle nous dérobe sa lumière, il y aurait un volume entier à écrire. On pourrait recueillir à ce propos une infinité d'histoires singulières, montrant jusqu'à quel point notre raison est fragile, mais ce serait commettre la plus grave de toutes les erreurs, que de croire qu'il ne s'est pas trouvé toujours de nobles esprits pour protester contre ces opinions dégradantes.

Sulpicius Gallus, astronome romain des beaux temps de la République, était tribun militaire dans l'armée que le Sénat avait envoyée contre Persée, roi de Macédoine. Comme il connaissait la période que les prêtres chaldéens avait imaginée pour prédire le retour des éclipses, il s'aperçut facilement que la Lune allait tout à fait disparaître le lendemain dans la nuit. Il fit part de cette circonstance à Paul-Émile qui commandait les troupes en qualité de Consul. Celui-ci l'autorisa à réunir les soldats autour de son tribunal pour annoncer le phénomène qui allait se produire et expliquer en même temps qu'on ne pouvait en attribuer la cause à la colère des Dieux, parce qu'on la connaissait très bien et qu'elle tenait à ce que la Lune, entrant dans l'ombre de

LES ÉCLIPSES.

91

la Terre, ne pouvait recevoir la lumière que le Soleil lui envoie ordinairement. Cette proclamation ayant produit l'effet désiré, les légions vinrent facilement à bout des descendants dégénérés d'Alexandre, et la Macédoine fut bientôt réduite à l'état de province. Sulpicius Gallus revint à Rome couvert de gloire, il y rédigea un traité d'astronomie qui fut le premier ouvrage de ce genre écrit en langue latine.

Les mandarins du Céleste-Empire font encore aujourd'hui comme le tribun militaire de la vieille Rome. Chaque fois qu'il doit se produire une éclipse, ils publient des avis pour le peuple. Mais ces grossiers charlatans se gardent bien de dire que le phénomène céleste dont ils vont être témoins est simplement le résultat des lois naturelles.

Bien au contraire, ils prétendent que l'astre menacé d'une éclipse, que ce soit la Lune ou le Soleil, va être attaqué par un dragon malfaisant qui cherche à le dévorer. Il serait perdu sans rémission ni miséricorde, si les fidèles Chinois ne venaient à son aide, en sonnant des cloches, en frappant à coups redoublés sur des gongs, ou même en poussant des cris aigus; car ces bruits prennent une telle intensité dans cette circonstance qu'ils parviennent jusqu'au monstre qui s'enfuit épouvanté. Encore aujourd'hui, chaque éclipse est l'occasion de ces scènes avilissantes auxquelles s'adonnent sans pudeur les chefs officiels.

Autrefois la prévision des éclipses était un des principaux devoirs du gouvernement, et leur prédiction une affaire fort importante. En effet le but du législateur chinois était de réaliser sur la terre un état de choses dans lequel l'homme se modelait sur l'ordre éternel que lui présentaient les mouvements célestes. L'étude des astres était le moyen de deviner les volontés du ciel et de s'y conformer avec une docilité suffisante, pour mériter ses faveurs.

Lorsque les éclipses arrivaient sans que les mandarins astronomiques aient prévenu l'empereur, les coupables étaient passibles de la peine de mort. Une pareille mésaventure s'étant produite du temps de Chou-Kang, 2150 ans avant notre ère, les fonctionnaires coupables de s'être laissé surprendre furent impitoyablement exécutés.

Voici dans quels termes sévères s'expliquait le vieux texte Chinois sur le compte de ces malheureux. En ce temps « Hii et Ho, s'abandonnant aux vices, ont foulé aux « pieds leurs devoirs, et se sont livrés avec emportement « à l'ivrognerie. Ils ont porté le trouble dans la chaîne « céleste, au premier jour de la troisième Lune d'au-« tomne; la rencontre du Soleil et de la Lune n'a pas été « en harmonie avec les membres dans la constellation « du Scorpion. L'aveugle a battu du tambour, et la foule « a couru comme un cheval égaré. Ignorants ou rendus « stupides sur les signes célestes, ils ont encouru la « peine portée par nos prédécesseurs, et doivent être « mis à mort sans rémission, comme ayant altéré l'ordre « des temps. »

Toutefois, il ne faut pas s'imaginer que tous les princes fussent si farouches. Cette erreur s'étant reproduite, deux mille ans plus tard, l'empereur Ouen-Ti écrivit une proclamation plus sage.

« Il y a eu cette année à la onzième Lune une éclipse imprévue; quel avertissement n'est-ce pas pour moi! En haut les astres perdent leur lumière, en bas les peuples sont dans la misère! Je reconnais en tout cela mon peu de vertu. Aussitôt que cette déclaration sera publiée, qu'on examine dans tout l'empire quelles seront mes fautes, afin de m'en avertir! »

A une époque beaucoup plus récente une éclipse n'ayant pas eu lieu (721 de notre ère) l'empereur prit le parti de faire appeler un Bonze nommé Y-Hang qui connaissait les procédés de l'astronomie indienne. Ce savant sachant bien que le commencement de toute bonne théorie est la mesure du temps fit construire à l'observatoire de Nankin des horloges à eau qui représentaient tous les mouvements célestes. Des statues qui annonçaient les quarts d'heure venaient frapper alternativement sur une cloche et sur un tambour. Il rédigea de plus un traité complet à l'usage du tribunal chinois chargé de veiller sur le ciel. Malgré le secours de ces formules et de ces horloges, le tribunal astronomique ne tarda pas à être pris en défaut.

En 1061, une éclipse de Soleil qui avait été annoncée comme devant être de moitié du disque ne fut que du tiers. Les courtisans vinrent en procession féliciter l'empereur et lui déclarèrent que le ciel avait permis cette dérogation à ses lois afin de manifester la joie qu'il avait de la sagesse de son gouvernement.

Mais le censeur, qui se tenait près du trône, prit la parole et s'exprima en termes dignes d'exciter notre admiration :

« Majesté, ce que vous venez d'entendre n'est que l'effet d'une basse flatterie ou d'une ignorance profonde. Il n'y a dans la diminution de l'éclipse aucun présage dont on doive féliciter Votre Majesté. Mais il y a un très mauvais présage, c'est qu'il y ait auprès de Votre Ma-

jesté des personnes qui osent parler comme je viens de
l'entendre, et que Votre Majesté daigne les écouter.
Quant aux astronomes, ils se sont manifestement
trompés, et si c'est par négligence, ils en seront punis. »

C'est à cause de leur habileté à calculer les éclipses
et les positions tant du Soleil que de la Lune, que l'empereur chinois Kan-Hi attacha les astronomes jésuites
à sa cour, et les rendit si puissants. Ce prince raconte
lui-même dans ses mémoires ce qui se passa. Les
mandarins, jaloux des étrangers, adressèrent à l'empereur de vives représentations, et Sa Majesté fit part aux
pères des réclamations qui étaient dirigées contre eux,
et dont le but était de les faire condamner à mort,
comme coupables de lèse-majesté ; mais ceux-ci ne se
troublèrent pas. Un d'eux présentant à l'empereur un
gnomon (cadran solaire), le pria de demander aux mandarins d'annoncer la longueur de l'ombre que le Soleil
donnerait. Comme ceux-ci n'osèrent point accepter le
défi, et que les jésuites calculèrent cette ligne en un
instant, à l'aide de la trigonométrie sphérique, l'empereur en tira la conclusion que jamais ils ne se trompe-
raient sur l'époque des éclipses. Leurs calculs furent
toujours si exacts que les Chinois n'en ont plus voulu
d'autres, et que, même au plus fort de la persécution
contre les jésuites, ils se sont arrangés pour avoir à leur
service des astronomes occidentaux. Aucun indigène
n'obtint leur poste que des Européens remplissent encore. En effet, il y a toujours eu à Pékin, depuis plus de
deux siècles, deux astronomes européens chargés de
faire les calculs sur lesquels reposent toutes les pratiques idolâtriques et astrologiques du gouvernement.
Ce sont eux qui tirent encore aujourd'hui les horoscopes.

Mais ces *barbares* n'ont que le titre d'*assistants*. Toutes
les hautes fonctions sont remplies par de grands offi-

Mandarin sauvant la Lune pendant une éclipse.

ciers chinois et tartares qui ignorent l'art de calculer
les mouvements célestes, quoiqu'ils soient mandarins
d'astronomie.

Le célèbre Lahire constata à la fin du XVIIIe siècle
qu'un de ses confrères de l'Académie des sciences de
Paris, nommé Lefèvre, s'était trompé de plus de trente
minutes sur l'heure de l'Eclipse du 15 mars 1699, dans
la *Connaissance des temps*. Lefèvre répondit avec aigreur
dans le volume suivant de son éphéméride. Il traitait
Lahire de novice, et ajoutait que le calcul était parfait,
qu'il ne s'était trompé que sur un logarithme ! L'Académie ne se montra pas plus traitable que le vieil empereur Chou-Kang. On exigea que Lefèvre fît des excuses publiques et qu'il relevât les exemplaires qui
étaient encore chez le libraire. Comme il ne put ou ne
voulut satisfaire à cette double condition, il n'osa plus
reparaître devant ses collègues; au bout d'une année
on lui appliqua le règlement, et il fut déclaré démis-
sionnaire. Académiquement parlant, il fut frappé de
la peine de mort.

On trouve dans les auteurs latins une multitude de
passages qui prouvent que tous les anciens Romains
n'étaient pas, lors d'une éclipse, aussi raisonnables que
Sulpicius Gallus, et qu'un certain nombre de gens
superstitieux avaient coutume de faire dans ces occa-
sions un tapage dont les Chinois auraient pu être
jaloux. Martial, voulant se moquer d'un braillard, dit
quelque part que cet homme avait une voix de force
à tirer la Lune d'embarras.

Lucrèce ne croit pas au dragon qui attaque la Lune
ou le Soleil, mais son opinion n'en vaut guère mieux. Il
s'imagine que ces astres sont cachés par un corps spécial qui vient s'intercaler entre eux et nous.

D'autres auteurs expliquent l'usage des cris par la
nécessité où l'on est d'avertir la Lune pour qu'elle ne

Proclamation de Sulpicius Gallus expliquant aux légionnaires les causes de l'éclipse.

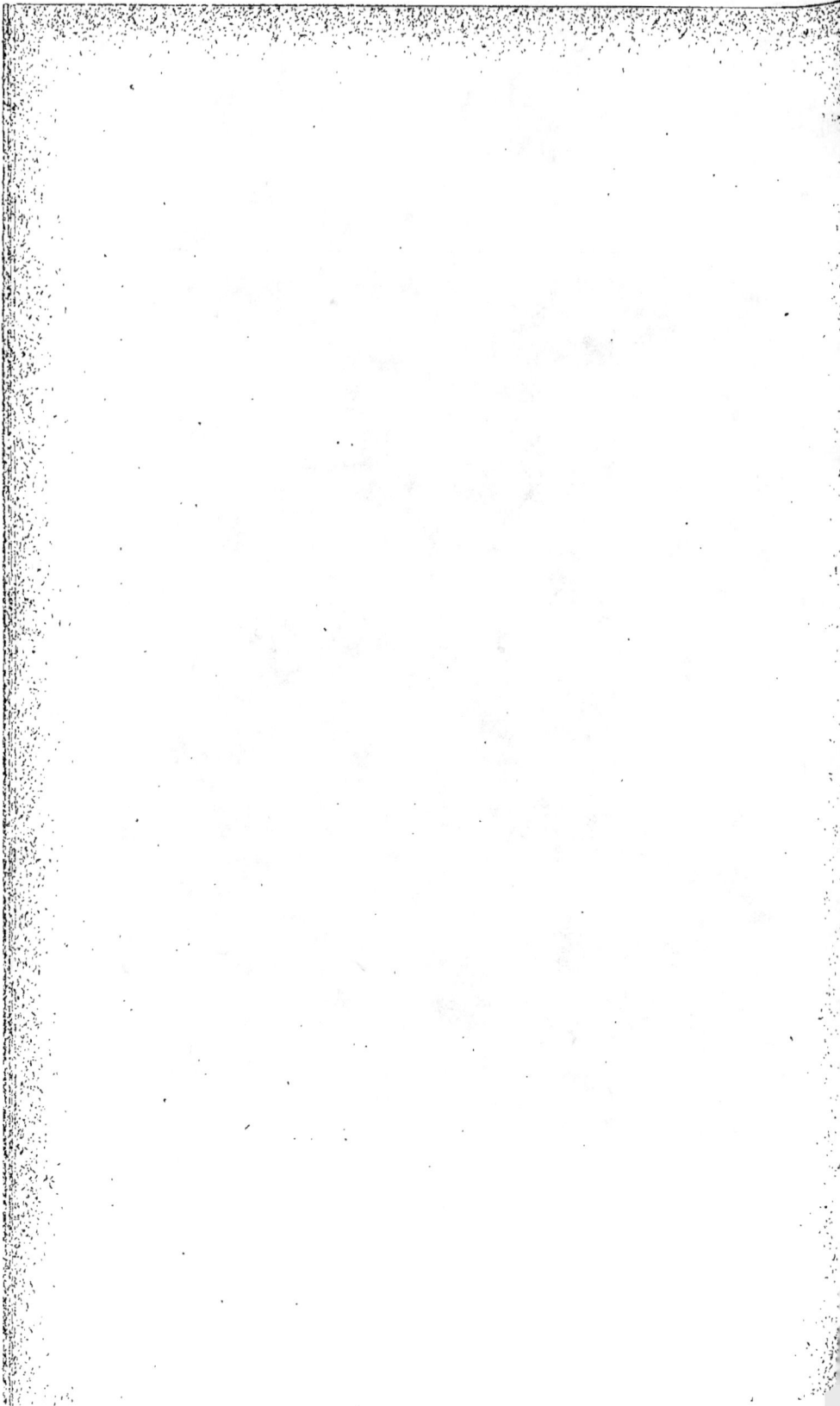

dorme pas et ne se laisse pas choir sur la Terre, ce qui nous causerait de très grands embarras.

Comme on le voit, le tort des Chinois n'est pas d'avoir eu recours à ces pratiques superstitieuses par lesquelles tous les peuples civilisés ont passé, c'est uniquement de s'y être attardés.

La manière de se comporter en présence des éclipses peut être considérée comme une sorte de pierre de touche de la civilisation.

Les Turcs et les Arabes ne seraient que trop portés à s'effrayer, si on ne les prévenait pas. Aussi les sultans de Constantinople ont-ils pris le parti fort sage de faire avertir leurs sujets par des crieurs publics de ce qui va se passer.

Le capitaine du génie Rozet, qui prit part au siège d'Alger, rapporte qu'il se produisit une éclipse totale de Lune quelques jours après la capitulation. Il était en train de l'observer à la Casbah, lorsqu'il entendit tout d'un coup un grand bruit, c'étaient les Arabes de la ville qui faisaient un vacarme infernal, digne d'une ville chinoise, pour arracher la Lune au dragon.

Périclès était en mer lorsqu'il survint une éclipse. Comme son pilote se mettait à trembler, l'illustre Athénien prit son manteau et le lui jeta sur la tête. « Toute la différence, lui dit-il, c'est que le manteau qui couvre le ciel a des dimensions bien supérieures au mien. »

Plutarque prend même la peine de nous expliquer que si les gens du peuple étaient effrayés par les éclipses et notamment les éclipses de Lune, ce n'était pas qu'ils ignorassent la raison qui les produit et qu'ils fussent inquiets sur le sort de notre satellite, mais la couleur pâle et rouge de sang que prend le disque lorsqu'il pénètre

dans la pénombre de la terre leur semblait d'un mauvais augure. Lorsque Nicias assiégeait Syracuse, il survint un phénomène de ce genre. N'étant point assez
savant pour expliquer à ses soldats que la couleur rouge
pâle de l'astre éclipsé provenait des rayons déviés de
leur route naturelle et jetés dans l'ombre de la terre
par l'effet de l'air qui l'entoure, le général athénien
crut nécessaire de remettre l'attaque à la Lune suivante.

Mais les Syracusains profitèrent du répit que l'ennemi
leur avait donné pour attaquer ses lignes, et Nicias fut
obligé de lever le siège.

Le bon Plutarque regrette beaucoup que l'astronome
Methon, à qui l'on doit la découverte du cycle d'or, n'ait
pas consenti à commander l'armée, car un homme aussi
savant en matière d'éclipse aurait sans doute trouvé
quelque raison pour rassurer ses soldats. Mais, meilleur
mathématicien que bon citoyen, Methon feignit une
maladie pour se dérober à la mission dangereuse dont
on voulait le charger. Plutarque fait remarquer que des
assiégeants, qui ont certainement besoin du secours des
ténèbres pour se glisser sans être vus près des remparts,
devaient trouver qu'une éclipse de Lune leur offre des
opportunités excellentes. Il déclare, avec la bonhomie
ironique qui le rend parfois si admirable, que ce phénomène aurait dû les engager à avancer l'époque de
leur entreprise. Il raconte ensuite que Dion fut surpris
par une éclipse, au moment où il marchait contre le tyran
Denys. Dion ne s'inquiéta point de ce qui se passait
dans le ciel, et continuant imperturbablement sa noble
entreprise, il obtint un succès complet.

Au moment où Alexandre allait livrer la bataille

Exécution d'astronomes chinois coupables de n'avoir point annoncé une éclipse.

d'Arbèles, il arriva une éclipse de Lune. Le conquérant
se borna à désarmer les dieux en faisant des sacrifices
au Soleil, à la Lune et à la Terre.

Pendant que Xercès marchait contre les Grecs, il survint une éclipse de Soleil. Le roi de Perse consulta les
mages. Ceux-ci s'empressèrent de déclarer que ce phénomène était de mauvais augure, non pas pour les Perses
qui adoraient la Lune, mais pour les Grecs qui adoraient le
Soleil. Complètement rassuré sur le succès de son entreprise, Xercès continua son expédition dont l'issue fut
tout autre que ne l'avaient prédit ces imposteurs.

L'idée d'attribuer aux éclipses une influence directe
sur les événements qui se passent à la surface de la terre
a été utilisée avec un génie admirable par Shakespeare
dans sa tragédie du *Roi Lear*.

Le duc de Gloucester, qui vient de saisir une lettre
lui apprenant que son fils préféré a organisé un com-
plot contre sa vie, devient tout d'un coup superstitieux.
Il est conduit par une pente d'esprit naturelle à attribuer à l'influence des astres la scélératesse dont il avait
en main la preuve indéniable.

« Ces éclipses de Lune et de Soleil ne nous annoncent
rien de bon, dit-il naïvement, quoique la science puisse
nous en donner une explication naturelle, cependant il
est incontestable que la nature est outragée par les événements qui les suivent. L'amour se refroidit, l'amitié
disparaît, les frères se divisent, il y a des mutineries
dans les villes, des guerres civiles dans les empires, des
trahisons dans les palais, le lien qui rattache le père au
fils se déchire... Mon misérable fils prouve la vérité de
cette prédiction, car je vois un fils organisant un com-
plot pour se débarrasser de son père... et d'autre part

le roi éprouve la force de la nature. Notre prince est acharné contre son enfant !... Nous avons parcouru le meilleur de notre vie. Machination, bassesse, trahison, tous ces désordres se combinent pour nous poursuivre dans notre tombe... Étrange, étrange ! »

Le malheureux dut se retirer, écrasé sous le poids de sa douleur. Alors le scélérat qui abusa de sa crédulité, et dont la main coupable écrivit la lettre qu'il attribue mensongèrement à son frère, prend la parole. Il laisse percer sa joie révoltante en termes qui méritent d'être rapportés. En effet le poète par une profonde analyse du cœur humain nous montre comment nous faisons les astres responsables de nos passions, ou coupables de nos crimes :

« Voilà l'excellente farce de la vie ! Quand notre fortune est malade, ce qui est souvent notre propre faute, nous rendons le Soleil, la Lune et les étoiles complices de nos désastres ! comme si nous pouvions être scélérats par nécessité, insensés par obligation céleste, voleurs, traitres, scélérats par la domination d'une sphère, ivrognes, menteurs, parce que nous obéissons à une influence planétaire, et en un mot comme si tous nos crimes pouvaient être inspirés par la divinité ! »

Le scélérat termine son épouvantable monologue en faisant un retour sur lui-même avec un cynisme dont les grands coupables sont quelquefois susceptibles. Il reconnaît que sa mauvaise étoile est simplement qu'il n'est point l'aîné. Les astres ne l'auraient point poussé à cette supercherie criminelle s'il avait pu supporter l'idée que la fortune paternelle lui échapperait un jour pour aller tout entière dans les mains de son frère !

Ces superstitions détestables qui nient la liberté de

Le crieur public annonce une éclipse à Constantinople.

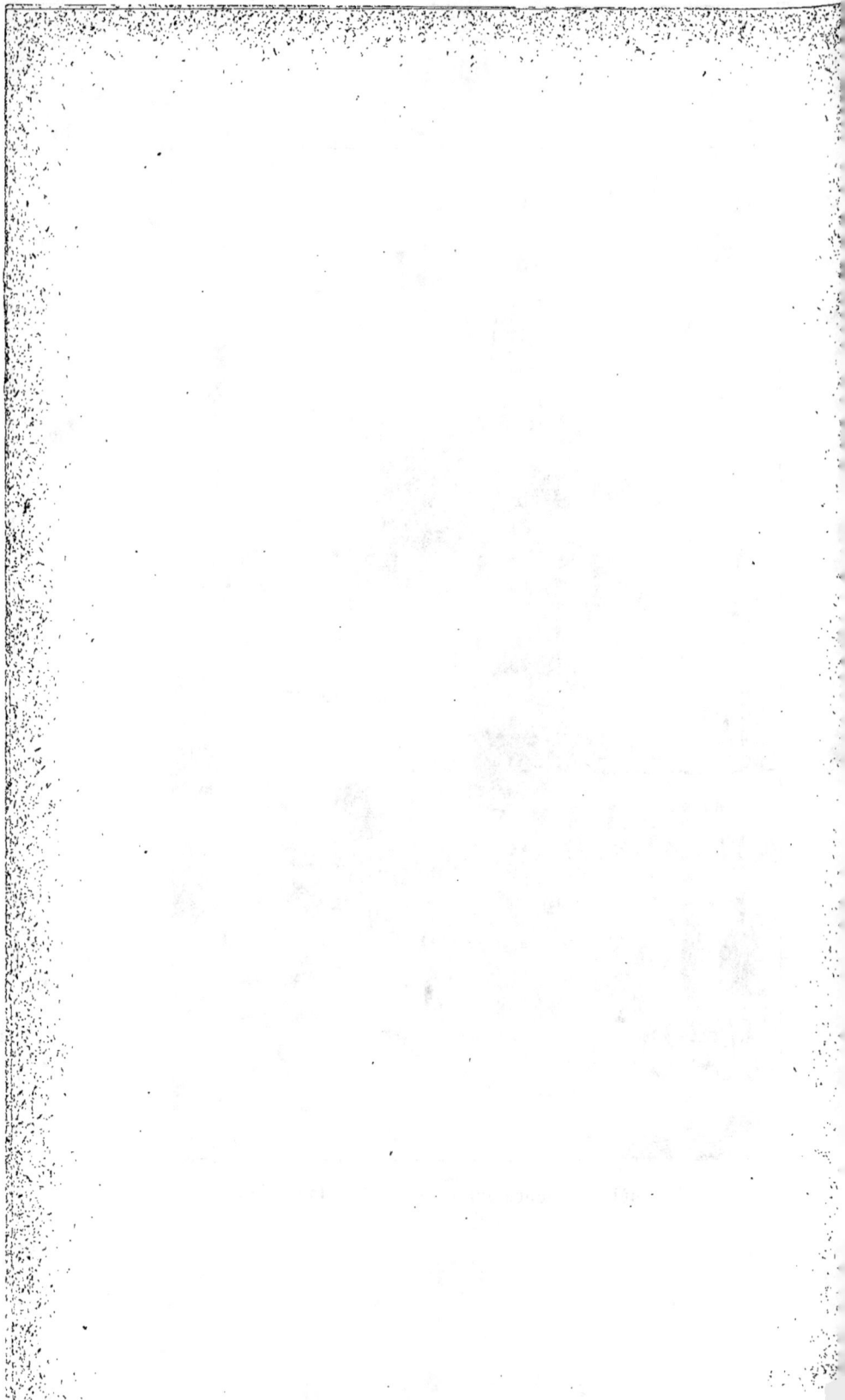

l'homme, lui enlèvent toute responsabilité morale, et en font un simple agent inconscient de forces inexorables, ont toujours été combattues au nom de la vraie science et de la philosophie, mais ce n'est point sans peine que l'on s'en est débarrassé.

L'astronomie moderne était déjà établie sur des observations indiscutables que les hommes de génie qui avaient travaillé à l'établissement définitif du véritable système du monde allaient encore chercher dans les éclipses de Soleil et de Lune la cause des convulsions politiques et sociales auxquelles ils assistaient. Quelques années avant sa mort, Képler publia un pamphlet spécialement consacré à raconter les événements que l'on doit attribuer aux principales éclipses de Soleil observées en Europe pendant une période de quatre-vingts années.

C'est une éclipse qui aurait annoncé la guerre entre Henri II et Charles-Quint, et aussi la conquête de Metz. Une seconde éclipse serait coupable de la mort de Marie de France, reine d'Écosse, assiégée dans Edimbourg par une armée anglaise opérant de conserve avec ses sujets révoltés! Une troisième éclipse, encore plus funeste, aurait inspiré les sanglantes ordonnances d'une autre Marie, introduisant l'inquisition dans les provinces belges, et donnant le signal de l'épouvantable insurrection des Gueux. C'est à la même cause qu'il faudrait attribuer la défaite du roi Sébastien de Portugal, massacré avec son armée par les Maures d'Afrique, le siège que supportèrent les Parisiens quand le Béarnais occupait les hauteurs de Montmartre, l'établissement de la paix religieuse par l'édit de Nantes, la décapitation du maréchal de Biron, l'interdit qui pesait sur la République de Venise, le triomphe de son doge, etc., etc.

Il n'est point sans intérêt de faire remarquer que ces divers événements ne peuvent tous être considérés comme funestes, et que la plupart même ont exercé une influence favorable sur la marche ascendante du progrès et de la civilisation. On voit que l'arrivée des éclipses pouvait exciter autant d'espérances légitimes que soulever de craintes réelles; la superstition arrivait donc à la même indifférence que l'incrédulité.

Ne pourrait-on pas en conclure que Képler était le premier à comprendre la vanité de l'art des astrologues; s'il paraissait sacrifier à leurs superstitions, il le faisait de manière à détromper les hommes intelligents qui voudront prendre la peine de lire entre ses lignes? Peut-être était-ce le seul moyen qu'il pût prendre pour résister à ce travers de l'esprit de ses contemporains. Il ne faut pas oublier que ce grand homme était obligé d'écrire des almanachs pour ne pas mourir de faim, et que s'il n'y avait mêlé un peu d'astrologie, ses almanachs n'auraient jamais eu de succès.

Au milieu de sa patrie, il se trouvait à peu près dans la même position que Christophe Colomb réduit à la dernière extrémité parce que les Indiens de la Jamaïque ne voulaient pas lui vendre ou lui donner des vivres. Pour vaincre leur obstination, il les menaça de faire disparaître la Lune. Les Indiens traitèrent ses discours avec mépris. Mais dès qu'ils virent que la lumière de l'astre disparaissait, ils prirent peur et vinrent se jeter à ses pieds en lui apportant en abondance tout ce dont il avait besoin. Naturellement l'enchanteur se laissa toucher, et rendit rapidement à la Lune toute sa lumière.

Nous avons entendu les tristes apôtres de superstitions détestables répondre à nos critiques en citant les noms des savants qui avaient la sottise d'y croire. Nous croyons donc qu'il ne sera pas hors de propos de citer un exemple qui prouve que les plus illustres esprits ne

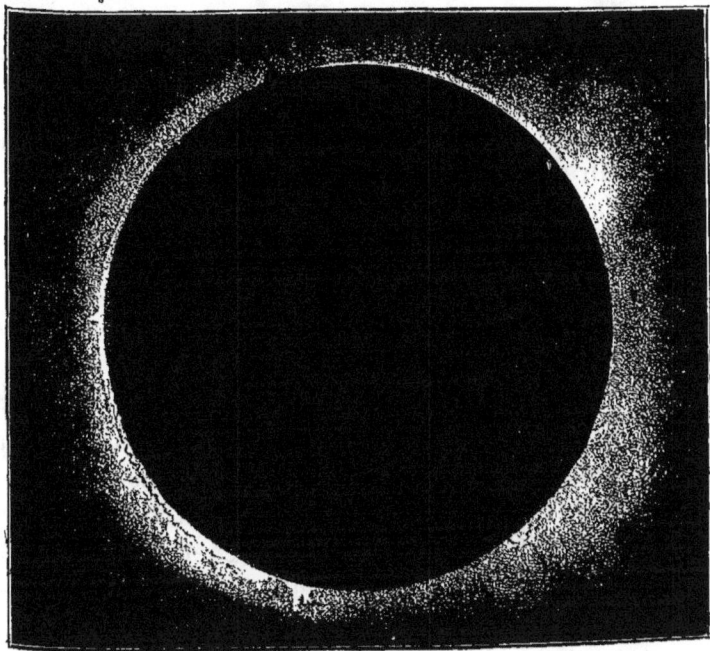

Éclipse de soleil.

sont pas exempts des faiblesses les plus déplorables.

On prétend que le chevalier Bacon ne pouvait supporter les éclipses de Lune, et que ce grand homme, qui a montré tant de virilité intellectuelle en écrivant son *Novum Organum*, s'évanouissait lorsqu'il s'en produisait quelqu'une.

En 1654, l'annonce d'une éclipse totale de Soleil poussait les gens à se confesser en foule. Un bon et spirituel curé des environs de Paris, ne pouvant suffire à sa besogne, crut devoir annoncer en chaire que l'éclipse était remise à quinzaine. Sous la Restauration les peurs recommencèrent. Des charlatans avaient annoncé qu'elle devait coïncider avec la fin du monde. Quelquefois sans être entachée de superstition, l'ignorance prend des formes également bizarres et encore plus réjouissantes.

Une jeune dame se fit présenter à Bouvard, qui était alors directeur de l'Observatoire, et lui dit : « Monsieur l'astronome, parlez-moi franchement, parce que le carnaval approche ; si nous devons mourir, je vais aller tout de suite chez mon confesseur, sinon je vais de ce pas chez ma marchande de modes, et j'attendrai le carême pour faire pénitence. »

Il ne faut pas croire que les adeptes de l'astrologie judiciaire seraient pris au dépourvu, s'ils voulaient encore exploiter la crédulité publique comme leurs prédécesseurs l'ont fait avec tant de succès.

On pourrait certainement rapprocher de l'éclipse du siège de Paris par Henri IV, celle du siège de Paris par les Prussiens. En effet celle-ci se montra à la fin du mois de décembre, c'est-à-dire au moment où la période aiguë de l'année terrible commençait réellement. L'infortune constante qui poursuivait la France s'étendit jusqu'à son astronome. M. Janssen, qui avait refusé un sauf-conduit de M. de Bismarck et était sorti de Paris en ballon, afin de se rendre en Afrique, eut un temps si déplorable que les nuages l'empêchèrent de se servir une seule fois des magnifiques instruments qu'il avait emportés ; depuis lors, les astrologues auraient

dit que le ciel s'est déclaré en notre faveur. En effet,
M. Janssen s'étant rendu en Océanie, sur un îlot perdu
dans l'immensité des océans, où le moindre raz de
marée l'aurait englouti avec ses lunettes, fut favorisé
par un temps admirable. Une grande éclipse de soleil
fut visible en Égypte, un peu avant la révolte du colonel
Arabi. Ne peut-on pas raisonnablement supposer qu'elle
a été un facteur efficace dans ce grand événement, non
point en vertu de la puissance chimérique qu'on attribue
aux astres, mais à cause de l'influence que ce spectacle
extraordinaire a excité sur l'imagination des gens cré-
dules et superstitieux qui y ont assisté. Les astrologues
y auraient attaché d'autant plus d'importance que cette
éclipse était accompagnée de l'apparition d'une comète
aperçue par hasard pendant la période d'obscurité, où
la Lune servant d'écran au Soleil permettait de surprendre tous les objets célestes qui se trouvaient dans
son voisinage.

Quoi qu'il en soit, les superstitions relatives aux
éclipses de Soleil et de Lune ont produit un heureux
effet sur l'histoire des anciens temps. En effet, les auteurs
qui racontent ces événements ne manquent jamais de
faire mention de phénomènes qui auraient passé ina-
perçus si on ne leur avait attribué une influence puissante sur les affaires humaines contemporaines. Ils
fournissent ainsi à la chronologie les seuls renseignements authentiques dont elle puisse disposer. L'art de
calculer d'une façon rétrospective les éclipses survenues
il y a un grand nombre de siècles est donc au moins
aussi utile que celui de calculer les éclipses futures.

Ce qui peut faire pardonner le parti que la superstition a tiré de ces magnifiques phénomènes, ce n'est pas

seulement les services rendus à l'histoire, mais on peut dire qu'ils ont fourni aux hommes les premiers moyens d'étendre à la triangulation des cieux les mesures prises à la surface de la Terre! Grâce à leur étude, la science humaine put, de période en période, pénétrer jusqu'aux plus lointaines nébuleuses, et l'œuvre de la création a été ouvert devant le génie de nos géomètres.

Il y a cependant un certain nombre de conjonctions qui ne laissent pas que d'être fort embarrassantes. C'est ainsi qu'une infinité d'auteurs se sont donné beaucoup de mal pour expliquer comment a pu se produire l'éclipse de soleil de la Passion. La difficulté est considérable, car cet événement a dû se produire lors de Pâques, c'est-à-dire en pleine Lune.

Dans un pareil moment ce n'est pas le Soleil qui peut être éclipsé; la Lune ne peut nous le cacher puisqu'il est situé précisément de l'autre côté de la Terre. Il n'y a que la Lune qui puisse perdre alors sa lumière, et elle est en effet obscurcie toutes les fois qu'elle vient se plonger dans l'ombre que la Terre laisse derrière elle. Certains interprètes s'en sont tirés, on peut dire à la Lucrèce; en effet ils ont déclaré que cette éclipse avait du être produite par un corps spécial, qui dans cette occasion solennelle était venu se placer devant le Soleil.

Le docte abbé Moigno est beaucoup plus sage dans ses *Splendeurs de la Foi.* En effet il attribue ce phénomène célèbre au passage d'une légion d'objets opaques qui ont intercepté en ce moment la lumière du soleil. Si l'on entrait dans cet ordre d'idées, on n'aurait que l'embarras du choix. En effet rien n'empêcherait de supposer qu'il passait alors une masse de cendres vomies par le cratère de quelque volcan. On pourrait

peut-être se contenter d'une légion de grêlons volumineux, et à la rigueur du passage d'un escadron de grues
venant d'Afrique.

Il ne serait pas interdit de penser à l'espace céleste
lui-même et de croire qu'il passait devant le soleil un
essaim de météorites, analogues à ceux qui ont rencontré
la terre dans la nuit du 27 novembre 1885.

On n'est pas, comme on le voit, embarrassé pour expliquer comment on peut remplacer cette pauvre Lune,
même pour exécuter une éclipse de soleil.

CHAPITRE IX

L'HOMME DE LA LUNE.

La manie de chercher dans la nature des formes semblables à l'homme et aux objets au milieu desquels se passe sa vie, sorte d'anthropomorphisme instinctif, semble être une loi de notre intelligence. Les payens donnaient la figure humaine à leurs divinités. Les peintres chrétiens ne procèdent point autrement lorsqu'ils veulent représenter Dieu le père, Jéhovah, Jésus-Christ, les démons et les anges.

Il n'est personne qui n'ait vu des anges, des animaux, des arbres, des hommes dans les nuages. Nous reconnaissons dans l'Italie la forme d'une botte, dans la France une figure humaine dont la péninsule armoricaine forme le nez.

Le même sentiment nous porte à nous imaginer que nous voyons dans la lune quelque chose qui ressemble à un homme, mais dont les traits sont certainement dessinés de la façon la plus indécise et la plus grossière de sorte que les opinions ont singulièrement varié à son égard lorsqu'il s'est agi de mettre un nom sur sa figure. Beaucoup d'observateurs y ont vu bien autre chose qu'un de nos semblables.

Albert le Grand prétendait qu'il y avait un dragon qui portait un arbre dans le dos.

Il y a en Chine quelques personnes qui imaginent

qu'il s'y trouve un crapaud à trois pattes. Cet animal merveilleux ne serait autre que la célèbre Chang-nyo, fameuse beauté chinoise, qui, étant parvenue à boire le breuvage de l'immortalité, aurait été transportée dans la Lune et y aurait été ainsi métamorphosée.

La plupart des gens du peuple et tous les Tartares y voient un lapin blanc, occupé à écraser des grains de riz. Les pâtissiers dessinent cet animal sur une des faces de biscuits ronds qu'on nomme les gâteaux de la Lune, et que l'on mange lors des fêtes de la Lune, comme les Anglais consomment leurs *old cross buns* le vendredi saint.

L'autre face des gâteaux de la Lune représente des dieux, des déesses et des animaux fabuleux. Quant au lapin blanc il est généralement accompagné d'une figure bizarre ayant la prétention d'être le portrait de quelque beauté lunicole, l'encadrement est formé par une image des végétaux qui poussent là-haut.

Le diamètre de ces disques de pâtisserie est de 12 à 15 centimètres. Il sont souvent ornés de feuilles d'or d'un très bel effet, au milieu de dessins bizarres colorés d'une façon fantastique avec du rouge, du jaune, du noir ou du carmin.

Les Chinois sont, comme on le sait, passés maîtres dans ce genre d'enluminures, et ils ont soin d'employer des couleurs végétales, qui, quoique très vives, ne portent en aucune façon préjudice à la santé.

De nos jours, il n'y a plus de rustres assez igno-rants pour prendre au sérieux l'opinion en vertu de laquelle on y voit un paysan chargé d'un fagot d'épi-nes. Mais au moyen âge il y avait sans doute beaucoup de gens s'imaginant que cet infortuné n'était autre que

Judas, condamné à un supplice éternel. En effet, c'est
sérieusement que le Dante dans son *Enfer* retire ce far-
deau des bras du traître qui livra le Christ, pour en
charger Caïn.

Dans sa merveilleuse comédie de *la Tempête* Shakespeare tire admirablement parti de cette croyance. Ste-
phano, sommelier au service du roi de Naples, qui a fait
naufrage avec son maître dans l'île enchantée, sent le
besoin d'effrayer un sauvage idiot nommé Caliban. Il ne
trouve rien de mieux que de lui dire qu'il est l'homme
de la lune, qui vient de descendre sur la terre.

Une si foudroyante révélation devait naturellement
inspirer une terreur profonde à un être aussi abject
que l'objet de cette mystification grossière. Il paraît que
cette scène est une de celles que les artistes anglais ont
le plus de peine à rendre.

Si nous voyons un homme dans la Lune, il est probable que les Sélénites voient de leur côté quelques-uns
des leurs sur la Terre, car cette manie de rapporter
tout à soi ne saurait évidemment être particulière à
l'atome sphérique dont nous habitons la surface.

Les traits saillants de la topographie du monde
inconnu qu'ils ont sous les yeux, et qui se manifestent
à eux sous une forme que nous ne pouvons deviner, doivent leur servir à édifier des fables analogues à celles
dont nous devons rire, et dont très probablement se
réjouissent leurs sages.

Au premier abord il semble que la fantaisie d'avoir
une description de l'homme de la Lune doit être rangée
à côté des demandes des enfants qui prient leurs nour-
rices de leur donner la Lune qu'ils voient dans un
seau.

Cependant la contemplation à l'œil nu de ce profil incertain n'est qu'une sorte de préparation assez utile à l'étude sérieuse de la topographie lunaire.

Quelque grossier qu'il soit, ce contour vaporeux suggère une idée assez exacte de la manière dont sont distribuées les taches sombres auxquelles les astronomes ont donné le nom de mer.

La tête semble formée par une sorte de bassin circulaire que l'on nomme la mer des Pluies et dont la superficie est à peu près celle de l'Allemagne. Le fagot d'épine que l'homme de la Lune porte dans ses bras et qui a reçu le nom d'océan des Tempêtes possède une surface égale à celle de la Turquie d'Europe. Il est placé du côté de l'est; les jambes, qui sortent d'un corps d'assez petites dimensions, sont tournées vers l'ouest; la jambe droite est formée par la mer de la Tranquillité, et la jambe gauche par la mer de la Fécondité. Quant à la main tendue près du limbe occidental elle provient d'une tache très noire, très reconnaissable à sa forme presque ronde. On la nomme la mer des Crises, par une raison que nous indiquerons ultérieurement. C'est un des objets les plus curieux du disque lunaire, des mieux définis, des premiers qui se montrent à la Lune nouvelle, et par conséquent un de ceux qui disparaissent le plus vite après la Syzygie suivante.

Les Grecs de l'antiquité n'avaient assimilé l'homme de la Lune à aucun personnage de leur histoire sacrée ou profane, mais certains de leurs philosophes avaient pris le parti de nier son existence, parce qu'il contrariait leurs théories.

En effet, les péripatéticiens, dont la doctrine faisait foi en matière astronomique, enseignaient que les pla-

nètes avaient une forme sphérique absolument régulière. La Lune qui était un de ces corps divins devait
naturellement participer à cette propriété essentielle.
Il fallait qu'aucune saillie, aucun trou, ne vînt désho-
norer sa surface qui devait avoir une forme géométrique parfaite.

Mais comme leurs adversaires répondaient à cette
brillante argumentation qu'on n'avait qu'à regarder
la Lune pour y voir une forme humaine, les péripaté-
ciens avaient imaginé un procédé bien simple pour
avoir raison. Ils déclaraient que cette apparence provenait de la faiblesse de la vue et qu'il n'y avait aucun
relief à la surface du globe lunaire.

Ces discussions ont fourni à Plutarque la matière d'un
de ses plus intéressants dialogues, intitulé : *Du visage
qui se voit dans le disque de la Lune*, et dans lequel il
ridiculise avec esprit les pédants entêtés qui veulent
plier la nature au gré de leurs chimères.

Le philosophe de Chéronée commence par faire remarquer que ce sont les vues courtes et faibles qui
voient un disque uni et plein, tandis que les hommes
doués d'yeux vifs et pénétrants sont principalement
ceux qui y distinguent des apparences ressemblant à
un visage, de telle sorte qu'il faut admettre qu'il y ait
dans cette terre du ciel des mers entrecoupées d'isthmes
et de continents, qui produisent ces apparences en
réfléchissant inégalement la lumière.

Nous aurons plus d'une fois à revenir sur ce curieux
spécimen de la pénétration dont les philosophes grecs
faisaient preuve lorsqu'ils se livraient à l'investigation
de la nature, et qui avait excité à un haut degré l'admiration de l'homme de génie auquel on doit l'idée

d'employer les lunettes à l'étude du disque de la Lune. En effet, l'illustre Galilée avait coutume ne dire : « Je me sers de mes instruments d'optique toutes les fois que je peux ; de mes calculs, lorsque je ne peux faire autrement ; mais de ma philosophie, *toujours!* »

Ajoutons que Képler trouva le dialogue de Plutarque si remarquable, qu'il prit la peine de le traduire en l'enrichissant d'une multitude de notes scientifiques de nature à augmenter notre admiration pour l'illustre grec.

La découverte d'un instrument aussi merveilleux que les lunettes n'avait rien changé d'essentiel à ce que le génie du philosophe de Chéronée avait découvert, en n'ayant d'autre assistance que le bon sens, cet instrument dont l'application à n'importe quelle science a produit tant de résultats merveilleux, et que l'étude de la Lune permet d'employer d'une façon bien satisfaisante.

Plutarque discute ensuite une opinion qui était une conséquence presque directe de l'idée singulière qu'avaient les péripatéticiens des perfections inhérentes à la forme sphérique.

CHAPITRE X

Quelques sophistes s'étaient laissé convaincre de l'existence du visage que chacun peut voir dans le disque de la Lune, mais ils s'étaient bien donné garde de confesser que cette figure fût produite par les ombres des montagnes de la Lune. Ils déclaraient qu'elle était l'image des principaux traits de la géographie de notre globe terrestre, de sorte que l'homme de la Lune n'était en quelque sorte que le reflet de ce que l'on pourrait appeler *l'homme de la Terre*.

Cette théorie bizarre avait résisté aux excellentes raisons données par Plutarque, et même à la découverte de l'Amérique, que l'on aurait dû y apercevoir avant Christophe Colomb.

Elle était si bien enracinée du temps de Galilée, que le mathématicien de la République de Venise est obligé de la combattre dans les immortels dialogues où il démontre le mouvement de la terre. Il ne trouve rien de mieux pour en triompher, que de faire remarquer que dans cette hypothèse les taches devraient varier de forme, puisque la Lune ne présente pas toujours son prétendu miroir en face des mêmes régions terrestres.

Cette fable absurde avait été exploitée par des charlatans qui avaient proposé sérieusement de faire servir la Lune à établir une sorte de communication télégraphique instantanée entre les habitants des régions les plus éloignées de la surface de la Terre.

Leur raisonnement était d'une simplicité terrible,

Communication télégraphique par l'intermédiaire de la Lune,
servant de miroir.

puisque la Lune était un grand miroir que la nature soutenait au-dessus de nos têtes, il n'y avait pas besoin de chercher longtemps pour se mettre en rapport avec un correspondant. Il suffisait de présenter à la pleine Lune des objets de dimensions suffisantes pour qu'ils pussent s'y réfléchir. Si la personne avec laquelle on désirait s'entretenir avait été prévenue, elle n'avait qu'à regarder la Lune au même point convenu, et elle verrait les choses que l'on désirait lui montrer. Si on avait eu la précaution de lui donner une sorte de clef, ou d'alphabet magique, elle comprendrait parfaitement tous les signes qu'on lui adresserait de la sorte.

L'idée de faire de la Lune le miroir de la Terre a été employée d'une façon plus utile par quelques auteurs pour rédiger, sans danger, des satires plus ou moins mordantes et plus ou moins spirituelles des mœurs et des habitudes des habitants de la Terre.

La colère des grands et puissants personnages dont on montrait les vices ou les fautes n'était pas moindre, mais elle n'éclatait pas d'une façon aussi dangereuse parce que les victimes de ces censures préféraient ne rien dire plutôt que d'avoir l'air de se reconnaître dans la Lune.

L'idée de faire de la Lune le miroir de la terre a été également utilisée dans un but fort ingénieux par un des plus éminents auteurs qui se soient occupés de notre satellite.

Hévélius, bourgmestre de la ville de Dantzig, appartenait de cœur et de race à la nation polonaise. Digne compatriote de Copernic, il avait consacré sa fortune et ses veilles à se consoler des hontes de la Terre, en étudiant les merveilles célestes à l'aide des lunettes qui venaient d'être inventées.

C'est ce grand homme qui imagina de donner des noms particuliers aux différents accidents de la surface lunaire. Mais préoccupé avec raison des inconvénients qu'il y aurait à surcharger la mémoire de noms nouveaux, il proposa d'imposer aux montagnes, aux volcans et aux mers de la Lune ceux qu'on donne aux objets analogues de la Terre.

Il rédigea, d'après ces principes, une très belle carte

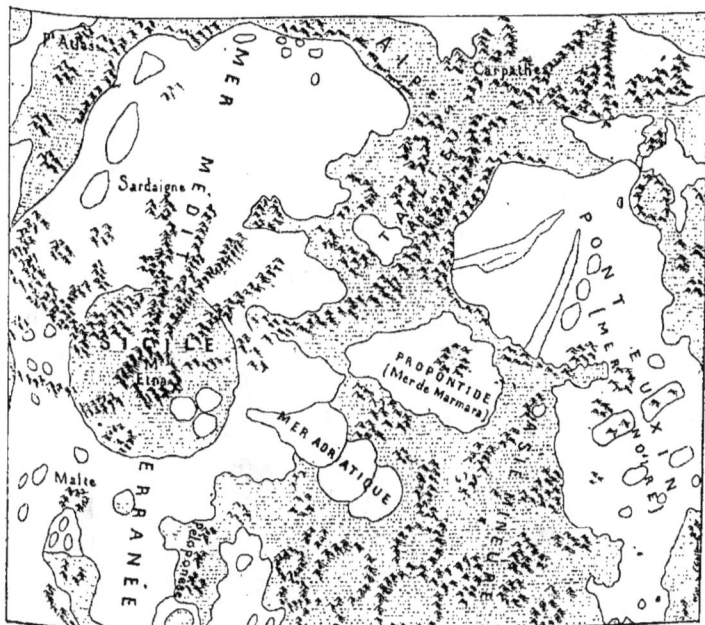

Carte de la Lune, suivant Hévélius.

de la Lune qui avait l'avantage de se graver dans l'esprit avec une facilité prodigieuse.

Cette sage nomenclature donnait lieu à une multitude de comparaisons souvent heureuses et instructives. On se laissait involontairement entraîner à comparer le Vésuve et l'Etna de la Terre, avec le Vésuve et l'Etna de la Lune. Malheureusement, ce ne sont pas toujours les idées simples, grandioses et utiles qui font fortune dans la science.

Les noms proposés par ce grand astronome que Louis XIV avait honoré d'une pension, quoiqu'il fût sujet d'un prince étranger, ont été très promptement hors d'usage. On n'a conservé que ceux qu'il a donnés aux montagnes, les Alpes, les Apennins, les Carpathes; les monts Caucase occupent encore la position que leur avait assignée Hévélius.

Les termes bizarres usités de nos jours dans la topographie lunaire ont été imaginés à la suite de considérations beaucoup plus bizarres encore.

Leur auteur qui se nommait Riccioli était professeur à l'université de Bologne et ennemi personnel de Galilée; c'est en dépit de ses efforts, de ses dénonciations, de ses calomnies que fut accomplie la grande révolution astronomique dont profite injustement sa gloire.

Sauf l'exception que nous venons de signaler les noms que la science a adoptés se trouvent indiqués pour la première fois dans le *Nouvel almageste*, énorme traité en deux gros volumes où il s'efforce de réduire à néant l'œuvre de l'illustre martyr de la vraie science.

Le frontispice est formé par une magnifique gravure représentant la muse de l'astronomie qui tient dans la main une balance dans laquelle se trouve d'une part la théorie de Copernic, et de l'autre celle de Ptolémée. Il est inutile de dire que la première étant trouvée trop légère, la seconde fait pencher les plateaux en sa faveur.

Le succès de Riccioli, que l'on peut comparer à celui d'Améric Vespuce, s'explique trop aisément par la prime qu'il a proposée à l'orgueil et à la vanité des

savants de son temps. En effet, il les a immortalisés en
leur donnant une place dans la topographie lunaire;
c'est à eux qu'il consacra les cratères principaux. Il en
trouva un nombre si grand qu'il fut à même de satisfaire
largement à tous ses contemporains sans empêcher ses
successeurs de plaire de la même manière à l'amour-
propre des physiciens futurs.

Aussitôt qu'on jette les yeux sur la carte de la Lune,
on est frappé de voir qu'on a consacré des pics superbes et des cratères profonds à la gloire d'astronomes
dont le nom n'a point mérité de franchir les frontières de l'Allemagne. Ils ont pour la plupart si peu de
titres à cette sorte d'apothéose qu'un spirituel critique
a pu comparer notre satellite à une nécropole, où
l'on voit gravés sur les monuments les plus giganntes-
ques les noms souvent les plus insignifiants.

C'est Riccioli qui a également donné un nom aux
vastes espaces que l'on croyait occupés par des masses
d'eau et qu'on appelait des mers.

Il est assez étrange que les astronomes aient conservé
des désignations qui n'ont plus aucun sens pour eux,
mais il l'est peut-être plus encore qu'ils n'aient pas
changé les noms que Riccioli a donnés à ses mers, car il
a été conduit dans son choix par des considérations purement astrologiques à la fois puériles et ridicules.

Il explique d'une façon grave et sévère que la Lune
est un monde dont les dimensions sont trop considérables pour que l'on puisse supposer que les propriétés des rayons émanant de ses différentes parties
soient toujours identiques. Il donne donc aux différentes taches sombres des noms indiquant la nature des
effets qui se manifestent lorsque leur lumière commence

à nous atteindre, ou qu'elles nous envoient leur dernier rayon. En effet il suppose que c'est dans l'un et l'autre de ces deux instants que leur influence se manifeste de la façon la plus vive.

Si l'on cherche à déterminer le moment où nous voyons la mer des Crises, nous arrivons à l'idée que c'est le troisième jour que le temps se forme pour toute la durée du mois. L'océan des tempêtes se montrant un peu avant la pleine Lune indique le moment où des vents impétueux viennent généralement troubler le repos des airs. La mer de Fécondité, le lac du Sommeil, les marais de la Putréfaction donnent successivement lieu à des considérations du même genre.

Riccioli ne paraît pas s'être préoccupé du soin de donner des règles pour l'usage de sa nomenclature.

Ce travail du reste n'est point sans offrir des difficultés très sérieuses. Quand la Lune est basse, nous voyons vers le pôle boréal des régions qui nous sont cachées lorsqu'elle s'approche plus du Zénith. Son mouvement de rotation n'est pas toujours assez bien réglé pour qu'il n'y ait pas à l'orient ou à l'occident comme de petits mouvements oscillatoires.

Le jour de chaque Lunaison où les différentes taches commencent à être visibles n'est pas toujours le même ; elles ne disparaissent pas non plus à la même époque, de manière que les mêmes lieux de la terre reçoivent d'une façon identique la première ou la dernière atteinte des rayons émanant des différentes mers lunaires.

CHAPITRE XI

LA LUNE PASCALE.

De même que nous trouvons dans le nom des divers objets lunaires des traces des préoccupations astrologiques, nous en voyons de non moins curieuses dans l'histoire des règles adoptées par la détermination de la fête qui sert à régler toutes celles dont l'échéance varie d'une année à l'autre, et que l'on nomme en conséquence *mobiles*.

Chacun sait que la cérémonie pascale fut établie par Moïse lors de l'exode d'Israël, comme une solennité patriarcale où l'on devait observer une multitude de précautions minutieuses. Cette fête commençait le dixième jour du mois de l'équinoxe du printemps, par le choix que les chefs de famille faisaient d'un agneau sans tache qui devait être immolé le jour de la pleine Lune, au moment où le Soleil se couchait. Le sacrificateur devait tremper une branche d'hysope dans le sang de la victime et se servir de ce rameau comme d'un pinceau pour faire une marque rouge sur la porte de sa tente.

L'agneau était mangé le lendemain dans le festin pascal ; mais il fallait qu'il fût rôti tout entier, et qu'aucun de ses os ne fût brisé.

Le nombre des convives devait être calculé de manière à ce que tout ce qui était servi sur la table fût mangé séance tenante. S'il restait de la viande, elle devait être immédiatement brûlée.

On ne pouvait consommer avec l'agneau que du pain sans levain, et des herbes amères.

Tous les Israélites qui prenaient part à ce repas mystique devaient être en habit de voyage, tenant un bâton à la main, et manger rapidement leur part.

Plus tard, lorsque Israel eut établi le temple de Jéhovah, la Pâque devint une solennité nationale dont il serait trop long de rapporter les détails et qui donnait lieu à des pèlerinages amenant annuellement un immense concours de toutes les tribus dans la cité sainte. Joseph qui décrit ces fêtes porte à 3,700,000 le nombre des Israélites qui se rendaient à Jérusalem pour y prendre part, et à 256,500 le nombre d'agneaux sacrifiés à cette occasion dans le temple.

Nous n'examinerons pas si ce récit est exact, ou s'il porte le cachet d'une exagération évidente. Nous nous bornerons à l'enregistrer comme une preuve de l'importance extrême de la célébration de cette pleine Lune. Lorsque les chrétiens furent réunis en corps de religion, un des premiers soins de leurs apôtres fut de s'occuper de la manière de célébrer cette lune. Tous tombèrent d'accord sur la nécessité de ne point prendre part aux solennités qui avaient lieu dans l'intérieur du temple, mais les opinions divergèrent lorsqu'il fallut choisir un jour pour le grand sacrifice.

Beaucoup de néophytes voulaient adopter purement et simplement l'échéance de la Pâque israélite, mais les plus fervents insistèrent avec énergie sur la nécessité de ne pas suivre la pratique du peuple qui avait crucifié le Christ.

Ces enthousiastes disaient que la Pâque des Juifs avait été abolie par la nouvelle révélation, puis qu'elle

Moïse instituant la Pâque.

n'était que l'image du sacrifice bien autrement merveilleux qui s'était accompli sur le Calvaire.

On décida donc que la Pâque des chrétiens ne serait

pas célébrée le jour de la pleine Lune, suivant l'équinoxe de printemps, mais qu'elle aurait toujours lieu un dimanche. Le dimanche choisi fut naturellement celui qui était le plus voisin de ce phénomène naturel.

La réforme souleva de violentes protestations et fut même l'occasion d'une hérésie qui fut solennellement condamnée, toutefois après de nombreuses hésitations, et qui est connue dans l'histoire sous le nom du schisme des *Quatuor-decimans*, c'est-à-dire des chrétiens judaïsants qui tenaient à célébrer la Pâque le quatorzième jour de la Lune de Mars.

Mais les connaissances astronomiques étaient si peu répandues, et les méthodes pour calculer la Pâque étaient si vicieuses que les chrétiens orthodoxes ne pouvaient s'entendre sur cette date importante. Le concile de Nicée fut convoqué par Constantin dans le but principal de mettre un terme à ce que l'on nommait la confusion des temps.

Il paraît que c'est d'un commun accord que fut réservée à l'évêque d'Alexandrie la mission de désigner l'échéance de la Pâque pour toute la chrétienté. En effet, on possède un grand nombre de lettres pastorales de saint Cyrille, qui semblent avoir été rédigées dans le but de faire cette notification.

Ce choix n'était pas maladroit, car Alexandrie était alors le centre des études astronomiques du monde entier. Mais l'invasion des barbares ne tarda pas à détruire l'ordre que l'on avait essayé de mettre dans les questions liturgiques.

En l'an 327 on fut fort indigné de voir que les églises d'Italie avaient attendu le 18 avril pour célébrer la Pâque, tandis que celles d'Égypte avaient procédé dès le 21 mars à cette solennité. Nous n'en finirions pas si nous voulions raconter toutes les circonstances analogues que les écrivains du temps enregistraient avec consternation, mais nous demanderons la permission d'en raconter une qui prouve avec quelle ténacité chaque nation barbare nouvellement convertie au christianisme tenait à ses usages particuliers. En l'an 651, la reine de Northumbrie, qui suivait le comput saxon, célébrait en jeûnant le dimanche des Rameaux, pendant que son seigneur et maître, fidèle aux habitudes des Rois de la mer, fêtait la Pâque dans un festin que l'absence des femmes rendait encore plus bruyant que d'ordinaire et dans lequel le sang fut, cette fois, mélangé au vin.

Les erreurs allaient en s'accumulant de siècle en siècle, de telle sorte qu'au commencement du XVIe siècle, l'équinoxe arrivait dès le dixième jour du mois de mars.

Les réclamations des astronomes devinrent tellement vives, qu'il fallut en tenir compte. Le Saint-Siège nomma donc une commission pour la réforme du calendrier. C'est alors qu'on abrégea l'année Julienne, en déclarant que les bissextiles séculaires ne seraient point conservées tous les 400 ans.

Mais on n'oublia pas la détermination de la fête de Pâques qui était le principal objet de la réforme. C'est à la suite du grand travail exécuté par les astronomes pontificaux, Clavius et Lilius, que les règles actuellement en vigueur dans l'église Romaine furent adoptées.

Dans l'intéressant volume que les astronomes de 1582 nous ont laissé, ils déclarent bien franchement que les considérations scientifiques sont secondaires pour

eux. Ils se sont surtout préoccupés de donner une règle
telle que la Pâque des chrétiens ne puisse jamais coïncider avec celle des Israélites. Pour obtenir sûrement ce
résultat, ils ont imaginé de remplacer la Lune réelle
par un astre fictif qui est toujours en avance sur la Lune
réelle. Nous sommes bien loin de la méthode primitive
des anciens rabbins et des musulmans, dont les regards
anxieux scrutent la voûte céleste pour apercevoir la
Lune réelle au moment où elle vient de reparaître.

Les Russes et les Grecs, qui ont continué à suivre les
règles œcuméniques, n'ont point été touchés du dépla-
cement de leur Pâque, qui s'écarte progressivement du
21 mars. Chaque siècle la différence augmentera d'un
jour, excepté en 2000, 2400, 2800, etc., etc. Elle finira
par arriver au mois de février, ce que le concile de
Nicée a tenu à éviter.

Il faut dire que les calculs relatifs aux mouvements
de la lune et du soleil ont été singulièrement compliqués par cette réforme; il est très difficile actuellement
de faire usage de la période de 19 années solaires découverte par l'Athénien Methon, et qui suffisait aux anciens pour deviner, chaque année, le jour solaire de la
pleine Lune du printemps.

Mais les astronomes modernes ont remplacé les com-
binaisons de ces différents cycles par des méthodes
plus précises que l'on peut appliquer, avec toute leur
rigueur géométrique, à la détermination des problèmes
canoniques.

Gauss, un des plus célèbres mathématiciens allemands,
prit la peine d'utiliser à cette recherche toutes les res-
sources de l'analyse transcendante. Il constata que, dans
les circonstances les plus favorables au retard de la

Pâque, elle ne peut jamais arriver plus tard que le 25 avril. Comme par définition elle ne peut jamais tomber plus tôt que le 22 mars, il est facile de voir que d'une année à l'autre, elle peut offrir une différence qui n'est pas moindre de 35 jours. Ces dates extrêmes ne sont certainement pas fréquentes, cependant elles ne sont pas aussi rares que l'on pourrait le croire. Ainsi la Pâque arriva le 25 avril en 1546 et le 22 mars en 1598. Elle eut lieu le 25 avril en 1666 et le 22 mars en 1683. En 1734 elle tomba le 25 avril, et le 22 mars tant en 1761 qu'en 1818. En 1886 elle sera fêtée le 25 avril; il en sera de même en 1943 et en 2038; enfin elle sera célébrée dès le 22 mars en 2285 en 2437 ainsi qu'en 2505.

On nous permettra, nous l'espérons du moins, de ne point nous préoccuper de ce qui arrivera à cet égard après cette dernière date.

En effet, il n'y a pas dans la nature sidérale la perpétuité idéale que de grands philosophes y ont mise. Certainement les allures des astres ne se modifient pas brusquement et sans cause, mais il est incontestable que la forme de leurs orbes éprouve des modifications progressives qui nous échappent à cause de leur extrême lenteur dans la plupart des cas, mais qui cependant se manifestent dans certains phénomènes, et surtout dans ceux où intervient la lune. Car ce corps céleste étant plus voisin de nous que les autres, les inégalités de son mouvement sont beaucoup plus faciles à saisir. C'est ainsi que la liste des éclipses rédigée au milieu du siècle dernier par les auteurs de l'*Art de vérifier les dates* n'est pas complètement fausse, mais qu'elle a subi par le cours du temps quelques petits accrocs, que certaines éclipses qui étaient indiquées comme totales n'ont été que partielles, et *vice versâ*.

Affirmons hardiment que l'excessive régularité dont parlent quelques sages n'existe que dans leur imagination. Au lieu d'osciller autour d'un état moyen indestructible le monde se modifie petit à petit, il est raisonnable de supposer que les Brahmines avaient raison d'assimiler l'ensemble de la nature visible à un être organisé qui passe lui-même par les périodes de jeunesse, de maturité, et de décadence que nous éprouvons. Ne nous détachons pas de cette grande idée, qui consola Sénèque mourant, lorsqu'au moment de subir le supplice auquel le condamnait son indigne élève, le grand philosophe s'écria :

> Le temps vorace absorbe tout.
> Rien à son bras ici n'échappe.
> Rien que sa faux non plus ne frappe,
> Ses hauts faits sont écrits partout!
>
> Les monts orgueilleux, il les ronge
> Ou les tire à son gré des eaux.
> Les rivages il les prolonge
> Ou les engloutit sous les flots!
>
> Le globe, un jour, doit disparaître.
> Pour que sa poudre donne l'être
> A d'autres esclaves du temps
> Ne régnant pas non plus longtemps.

CHAPITRE XII

Le beau traité de Plutarque va nous permettre encore de nous faire une idée complète du rôle que jouait notre satellite dans les traditions mythologiques.

Suivant les péripatéticiens, la Lune n'était pas constituée avec de la matière pesante, semblable à celle de la Terre, le lieu bas par excellence, la sentine de l'univers, le centre de toute corruption.

Ce corps divin avait été formé par le destin à l'aide d'une substance lumineuse et légère, se mouvant naturellement en cercle, seule courbe qui put convenir à sa nature éminente, la ligne droite n'étant faite que pour la translation des objets périssables.

En effet, disaient ces sages, si la Lune était pesante, il y a longtemps qu'elle serait tombée sur la tête des peuples au-dessus desquels elle passe.

Quoique séduisante au premier abord, cette théorie ne satisfait pas Plutarque. Il répond à cette objection de la même manière que Newton devait le faire. Il fait remarquer que la pierre que fait tourner un archer autour de sa tête ne tombe pas à la surface de la Terre, quoiqu'elle soit pesante, parce qu'elle est soutenue par le mouvement circulaire que le bras lui imprime. S'appuyant énergiquement sur cette observation magnifique, il déclare que si la Lune ne tombe pas, ce n'est pas qu'elle soit dénuée de pesanteur, c'est qu'elle est soutenue par la force centrifuge qui la soustrait à la domination du globe auquel nous sommes enchaînés, nous-mêmes, par une invincible attraction.

Plutarque examine ensuite les objections que font ceux qui ne veulent pas que la Lune soit habitée parce que les habitants ayant douze solstices par an seraient dévorés par la chaleur du Soleil, que les Troglodytes de la Terre ont déjà bien du mal à supporter, quoiqu'ils n'aient le Soleil au zénith qu'une fois chaque année.

Tout porte à croire, dit-il, que la Lune a une nature humide et froide, complètement opposée à celle du Soleil, de sorte que les hommes qui l'habitent se trouvent dans le même cas que s'ils vivaient dans nos glaciers qui n'ont pas le temps de fondre même sur notre équateur, quoique la durée de nos étés soit douze fois plus longue que celle des étés de la Lune.

Plutarque ne paraît pas non plus éloigné d'adopter une opinion analogue à celle du fondateur du théâtre chinois, et d'estimer que les habitants de la Lune peuvent bien se nourrir d'odeurs. Il y avait, en effet, en Grèce, une tradition qui affirmait que les hommes de la Lune se réunissaient pour prendre leurs repas autour d'un feu sur lequel ils faisaient consumer des grenouilles. Ils ne touchaient pas plus à ce singulier plat, que les dieux aux offrandes que leur font les hommes, mais ils se contentaient de la fumée.

Après ces badinages, le philosophe de Chéronée engage ceux qui ne veulent pas croire à l'existence des hommes dans la Lune à bien comprendre que le créateur qui nous a formés en harmonie avec la terre n'a pu

avoir de peine à leur donner une nature et des habitudes qui soient parfaitement en rapport avec la quan-

Mouvement de la lune autour de la terre, démonstration
de Plutarque.

tité de lumière, de chaleur de leur planète, avec l'air, le
sol et les eaux de leur patrie céleste. Afin de confondre
ces ignorants, il appelle avec une éloquence admirable

leur attention sur les divers animaux qui habitent les profondeurs de la mer.

« Supposons, dit-il, que nous n'ayons fait que d'apercevoir la mer de loin en grimpant sur le sommet des montagnes, et que nous ne sachions rien de plus sur la nature de l'eau qui la remplit, qu'elle est fortement salée et que l'on ne peut en boire. De quelle manière recevrions-nous le voyageur qui viendrait nous apprendre qu'elle nourrit des animaux énormes. Nous croirions que cet homme abuse de notre simplicité pour nous débiter des mensonges. Tel est notre état, telles sont nos impressions quand nous refusons de croire que la Lune soit peuplée d'une espèce particulière de créatures.

« Je m'imagine que ses habitants doivent contempler avec la plus vive surprise notre Terre, qui doit leur paraître comme une sorte de fange et de lie, provenant de la réunion fortuite des éléments qui dépareraient inévitablement un monde aussi pur que le leur. Se basant sur ce que le ciel de la Terre est toujours voilé d'humidité et traversé de vapeurs noirâtres, leurs sages ne doivent pas avoir de peine à démontrer qu'elle ne saurait être habitable. De quelles mordantes railleries ne doivent-ils pas pourchasser les fous qui osent prétendre le contraire. Du reste, comme le globe énorme de la Terre leur paraît répondre constamment au même point du ciel, ils ont d'excellentes raisons pour déclarer qu'il ne doit pas avoir la faculté d'engendrer des êtres doués de mouvement et qu'elle doit être tout à fait déserte.

« Si par hasard ils avaient occasion de lire ce vers d'Homère :

Séjour horrible, infect, haï même des Dieux,

et cet autre :

Aussi loin de l'enfer, que la terre des cieux,

jamais il ne leur viendrait à l'idée que c'est de leur chère Lune que l'on ose parler de la sorte.

« Tout d'une voix ils déclareraient sans hésitation que c'est de la Terre qu'il s'agit. Leur indignation serait sans bornes s'ils venaient à savoir que ces vers ont été appliqués à la Lune et cela par un poète de la Terre ! »

Si l'on traduisait de nos jours ce traité dédaigné du bon Plutarque, on pourrait ajouter à ce passage une note explicative qui ne manquerait pas d'intérêt.

En effet, la manie de restreindre le domaine de la vie est tellement naturelle aux esprits communs et vulgaires, qu'elle s'est manifestée bien longtemps à propos de l'opinion acceptée pour de vastes régions terrestres. Que d'années se sont écoulées même depuis la conquête de l'Algérie, avant que l'on sût que le nom de désert appliqué au Sahara exprimait une idée radicalement fausse, une conception absolument mensongère.

C'est seulement après la conquête de ces régions par la France, que l'on s'est convaincu, non seulement que la vie y est possible, mais que dans certains points elle s'y développe dans des conditions merveilleuses d'activité qu'elle n'atteint nulle part ailleurs.

Ainsi sur un hectare situé dans une oasis on voit pousser en moyenne 100 palmiers, dont chacun donne de 6 à 10 régimes de dattes, pesant de 8 à 10 kilogrammes, de sorte que le produit total est de 72 quintaux d'une matière nutritive valant poids pour poids au moins autant que le blé.

Le dialogue se termine par le récit de traditions bizarres analogues à celles que nous avons rapportées dans le premier chapitre et relatives au grand voyage que l'âme des justes entreprend après la mort pour remonter dans les régions supérieures. Rien n'était plus répandu, en effet, que cette croyance poétique et charmante en vertu de laquelle le principe immatériel de notre individu va successivement s'incarner dans les diverses Terres du ciel, de sorte que la métempsychose ne s'exerce pas seulement dans le domaine étroit dont Jules Verne nous a appris à faire le tour en 80 jours, et à la surface duquel le télégraphe électrique supprime le temps d'une façon complète.

Suivant l'interlocuteur que Plutarque met en scène dans cette partie poétique de son œuvre, nous sommes condamnés à subir une seconde mort à la surface de la Lune, où Proserpine remplit le même rôle que Cérès ici-bas. C'est une croyance très peu rassurante puisqu'elle nous fait passer à deux reprises par ces terribles portes où les plus altiers génies ne cherchent qu'à se glisser en tremblant.

Mais la mort qui nous attend à la surface de la Lune n'est pas une mort douloureuse et rapide, c'est une mort lente, progressive et douce, ressemblant à une apothéose que le séjour à la surface de la Lune rend possible. En effet, les âmes contemplent avec admiration la grandeur et la beauté de la planète admirable qu'ils habitent et où le créateur est parvenu à combiner les qualités d'un astre avec celles de la Terre. La Lune est formée de matière intimement unie à la substance divine qui porte le nom d'éther, et dont la propriété essentielle est le mouvement éternel. D'après cette doctrine, la

Lune est en quelque sorte le lieu où se trouvent les Champs-Élysées, étape vers la béatitude finale où les grands hommes peuvent se rendre compte des hommages qu'on leur rend sur la Terre.

Arago.

Il y a dans la Lune, suivant cet enthousiaste, des abîmes immenses dont nous avons vu que le Père Kircher n'a pas dédaigné de tirer parti pour faire communiquer les deux hémisphères par des voies intérieures. Il donne à la plus grande de ces cavités le nom du gouffre d'Hécate. Il y renferme les âmes qui ne sont point encore assez purifiées et en fait par conséquent une sorte de purgatoire. Il y en a d'autres que nous retrouverons plus tard d'une façon assez singulière et qui servent de passage aux âmes pour quitter l'hémisphère qui regarde la Terre, et passer sur celui qui est tourné du côté du ciel. Plutarque appelle le premier les champs de Cérès, et les autres les champs de Proserpine.

Il ajoute que les génies puissants qui habitent le globe de la Lune ne restent pas toujours confinés dans leur domaine spécial.

Les oracles ont le pouvoir de les faire descendre ici-bas. Ils sont les vengeurs des injustices, et ils sont toujours prêts à revenir en aide aux opprimés. S'ils ne s'acquittent pas avec un zèle suffisant, ils sont punis de leur négligence et sont précipités à la surface de la Terre.

L'idée de voir les habitants de la Lune arriver un jour jusqu'à nous se voit dans une multitude de superstitions du moyen âge, et dans le passage que nous avons cité *la Pluralité des mondes*, cet incomparable ouvrage de Fontenelle.

CHAPITRE XIII

Minutius Félix est le premier qui ait invoqué la régularité des mouvements lunaires comme une preuve de la puissance et de la sagesse divine. L'astronomie n'était point encore assez avancée pour que les païens aient pu lui opposer les petites modifications que l'extrême voisinage de la Terre met en évidence, et dont l'étude est un des problèmes de la science contemporaine. Novatianus développe cette thèse combattue, comme nous l'avons vu de nos jours, par Auguste Comte, que la Lune est le Soleil des nuits.

Saint Cyprien, qui annonce les calamités sur le point de fondre sur l'empire romain, cherche à montrer que le monde se fait vieux ; il développe l'idée de Sénèque que tout s'use dans la nature, et il donne pour preuve de son assertion l'exemple des cornes de la Lune qui deviennent de plus en plus minces et finissent par disparaître.

Lactance s'applique à démontrer l'incertitude de la science humaine que les adorateurs des idoles opposent aux prédications apostoliques. Les exemples qu'il donne ne sont pas tous fort heureux, notamment lorsqu'il s'occupe de la Lune. En effet, dit-il, on ne sait pas si la Lune est concave ou convexe. Cependant il est beaucoup mieux inspiré, lorsqu'il tourne en ridicule le sophiste Xénophane qui prétend que le globe de la Lune

a un diamètre dix-huit fois plus considérable que celui
de la Terre, que ce globe immense est lui-même creux,
qu'il a son centre occupé par une autre terre habitée par
une race humaine qui imite nos actions, et qu'il est
éclairé par une autre Lune. Lactance termine ce curieux
exemple des divagations astronomiques des anciens en se
demandant si notre terre n'est point à son tour la Lune
de quelque astre inconnu.

Saint Ambroise a une idée très noble des dimensions
de l'univers, et il développe avec éloquence les preuves
de l'immensité de la Lune, telles qu'elles sont indiquées
dans l'*Almageste* de Ptolémée. En effet, ce globe doit
être à une distance de nous qui confond notre raison
puisque tous les peuples de l'univers lui voient la même
grandeur et la même figure. C'est par une étude atten-
tive, avec les moyens de mesure et d'amplification que
nous possédons, que les astronomes sont parvenus à
mettre en évidence de petites différences de position
dans le ciel, lorsqu'on observe l'astre de deux points
éloignés. Connaissant la distance linéaire des deux sta-
tions, les modernes sont parvenus à mesurer avec exactitude la distance de la Lune. Mais ce beau résultat de
l'innovation des instruments de précision ne détruit
point la rigueur du raisonnement de saint Ambroise.

Saint Jérôme voit une preuve de la Providence divine
dans la régularité avec laquelle la partie brillante de la
Lune augmente du côté de l'orient jusqu'à ce qu'elle soit
pleine, et diminue jusqu'à ce qu'elle disparaisse du côté
du couchant. Ce phénomène fournit à saint Augustin la
matière d'une de ses plus éloquentes philippiques contre les manichéens, qui prétendaient que la Lune était
formée de matière lumineuse qui s'accumulait et se dis-

persait progressivement. Afin de combattre cette hérésie scientifique, il invoque avec beaucoup d'opportunité la lumière cendrée, c'est-à-dire le reflet de la lumière que la Terre jette sur la Lune. En effet, puisque nous voyons quelquefois la partie obscure du disque, c'est une preuve qu'il existe même lorsque nous ne le voyons pas, et que la théorie des manichéens est une de ces innombrables absurdités que de prétendus sages ont débitées sur notre satellite.

Mais saint Augustin n'ose affirmer que la lumière de la Lune est le reflet de celle du Soleil, réfléchie par le disque lunaire. Il ne comprend pas que la partie éclairée de la Lune est couverte par une lumière qui, quelque vive qu'elle soit, ne lui appartient point en propre.

En effet l'on sait qu'elle n'est que la reverbération de celle que la Lune elle-même envoie à la Terre. C'est nous qui restituons à notre vice-soleil une portion de l'éclat qu'il nous donne. N'ayant plus à pourfendre les manichéens, saint Augustin n'a plus le même degré de clairvoyance. Il hésite entre l'explication qui est celle de Ptolémée, la nôtre et celle de Berose.

Ce Babylonien crédule et superstitieux a imaginé que le globe lunaire est composé de deux hémisphères, l'un opaque et l'autre lumineux, accolés l'un à l'autre. C'est ainsi que dans des temps plus voisins, on a osé prétendre que certains soleils étaient éteints d'un côté, lumineux de l'autre, et que nous ne les apercevions que lorsqu'ils daignaient tourner vers nous leur face resplendissante.

L'évêque d'Hippone est trop habile théologien pour ne point tirer un parti également brillant de ces deux hypothèses. « Si la première est vraie, s'écrie-t-il,

10

on peut considérer la Lune comme le symbole de l'église
du Christ, parce qu'elle a un principe divin, brillant,
lumineux, splendide, accolé à un principe impur, obscur et matériel, c'est la chair à laquelle l'esprit se
trouve inévitablement associé. Si la seconde est exacte,
on peut encore y voir la même image. En effet, la
lumière que l'Église verse dans le monde ne lui appartient pas plus que celle de la Lune n'est la propriété du
globe qui nous la donne. C'est à Dieu qu'elle l'emprunte,
et c'est l'esprit de Dieu qu'elle reflète sur la Terre. »

Dans le vénérable Béde, nous ne trouvons plus de
traces des doutes qui troublent l'esprit de saint Augustin. Le chapitre où il traite de la Lune serait de nature à
figurer avec honneur dans un de nos ouvrages de cos-
mographie élémentaire. Mais pour lui, la grande affaire
est d'arriver à la détermination de la date exacte de la
Pâque. Si nous ne craignions d'abuser de nos lecteurs,
nous leur mettrions sous les yeux les formules mnémoniques qu'il a imaginées pour se rappeler les circonstances principales du mouvement de la Lune et du Soleil. Il
arrive aussi à fabriquer des noms latins d'une dureté
et d'une bizarrerie extraordinaire. Les cyclopes ont eu
moins de mal à forger le bouclier d'Hercule.

En somme, on peut dire que les Pères de l'Église se
sont bien donné garde de prendre parti dans la question si controversée des habitants de la Lune et qu'ils
n'ont point pensé qu'il fût possible de combattre une
opinion très répandue dans l'antiquité et qui malgré
tous les efforts de certains astronomes modernes semble toujours à la veille de se propager avec une rapidité surprenante.

CHAPITRE XIV

LES DÉCOUVERTES DU FAUX HERSCHELL.

Dans le cours de l'année 1836, le gouvernement anglais envoya au cap de Bonne-Espérance le fils du grand Herschell, pour continuer les observations qui y avaient été faites au siècle dernier par le célèbre Lacaille.

Sir John emporta avec lui une lunette beaucoup plus puissante que toutes celles qui existaient alors. Comme il arrive toujours en semblable occurrence, on répandit des détails exagérés sur le pouvoir extraordinaire de cet instrument et sur la nature des découvertes qu'il devait permettre de faire dans le ciel.

Un journal de New-York qui venait de se créer, et qui avait par conséquent besoin de se lancer par quelque article retentissant, saisit habilement cette circonstance. Il annonça qu'il avait pour correspondant au Cap un homme plus habile que délicat qui était parvenu à voler un mémoire que l'habile astronome envoyait en Europe au président de la Société royale de Londres.

Dans l'intérêt de la science le *Sun* s'empressait de faire part à ses lecteurs d'une découverte surprenante, qui ouvrait un champ inattendu à l'esprit humain.

Le faux Herschell décrit minutieusement le portrait de l'homme de la Lune : notre frère d'en haut est plus

petit que nous, il n'a guère qu'une taille de 2 pieds
8 pouces ; mais, magnifique compensation, il porte des
ailes ! ses plumes et le mode d'attache à l'épaule sont
semblables à ce que l'on trouve chez l'autruche.

De peur que l'on ne voie dans cette assimilation une
tentative d'ironie, l'auteur anonyme se hâte de déclarer
que le sélénite plane avec une agilité singulière dans
l'air du monde ouvert à son activité. Notre aigle n'est pas
plus hardi, notre hirondelle n'est pas plus prompte.

Son corps est nu, mais sa peau est d'une blancheur
éblouissante. Sa chevelure est noire et fournie, ses yeux
sont larges, bruns et expressifs.

Rien n'est plus gracieux que cet être énergique, puissant, intelligent. Sa compagne, encore plus ravissante,
ressemble à Psyché, à la fée Mélusine, à Vénus.

Le correspondant du *Sun* ne peut trouver de termes
suffisants pour exprimer son enthousiasme.

Tout dans l'allure de l'homme de la Lune semble indiquer qu'il a reçu en partage la raison dont, jusqu'en 1836,
nous pouvions encore nous flatter d'avoir le monopole.
Mais le faux Herschell donnait des détails si minutieux
qu'il était impossible au plus orgueilleux habitant de la
Terre de conserver la moindre illusion à cet égard.

Comme le microphone n'était point encore inventé,
le faux Herschell n'a pas l'idée de prétendre qu'il a
entendu la voix de cet être heureux, voltigeant de
pics en pics. Mais il est persuadé que son ramage ne
doit pas être moins harmonieux que son plumage et
que les échos de la Lune n'ont rien à envier à ceux que
fait retentir le gosier de Philomèle.

Le faux Herschell pense à tout. Il s'inquiète de protéger l'homme de la Lune contre le froid des nuits in-

terminables. Les volcans de la Lune qui ne sont pas éteints viennent à son aide. En effet, ils n'ont plus l'activité désordonnée de notre Vésuve et de notre Etna. Ils offrent sur une vaste échelle les propriétés caractéristiques des salses de Toscane. Ce sont d'immenses évents qui lancent dans l'air lunaire de bienfaisantes effluves de vapeur, de sorte que la surface de notre satellite est chauffée par un gigantesque calorifère.

Il était évident que cet article étrange n'était pas l'œuvre d'un mystificateur vulgaire. La description de la Lune était sortie d'une plume exercée qui connaissait à fond toutes les opinions déjà émises sur sa nature intime, et qui avait pris ses précautions au moins pour paraître grossièrement vraisemblable.

Il n'en fallut point davantage pour que l'on criât partout au miracle. L'émotion était grande à New-York, à Paris elle fut immense.

L'arrivée de cette fausse nouvelle fit pendant quelques semaines oublier toutes les préoccupations politiques. En moins d'un mois, il parut quatre traductions rivales de ce factum.

On apprit depuis que l'auteur de la mystification était un astronome français plus habile encore à faire des trous à la Lune, qu'à découvrir des planètes, et qu'on avait chassé de l'Observatoire comme coupable de faits condamnables.

En premier lieu, il espérait que le journal qui accueillerait sa communication lui paierait une somme assez ronde. Il ne s'était pas trompé, car le *Sun* vendit en peu de jours 60,000 exemplaires, succès sans précédent à cette époque, où la presse politique n'était que l'ombre de ce qu'elle est devenue de nos jours.

Il pensait de plus se venger des savants qui l'avaient traité suivant ses mérites. Mais cette partie de son plan machiavélique échoua de la façon la plus misérable.

Arago, qui était alors secrétaire perpétuel de l'Académie des sciences, et qui s'acquittait de ses fonctions avec un talent hors ligne, se chargea de protester.

Il n'eut pas de peine à démontrer que tout cela n'était qu'une fable, et il le fit avec tant de verve et d'esprit que sa réfutation est un de ses meilleurs morceaux.

A cette époque, il n'y avait pas le magnifique réseau de télégraphes électriques qui met en communication instantanée tous les membres de la famille humaine. De longs mois s'écoulèrent avant que Herschell pût apprendre l'abus qu'on avait fait de son nom. Il fut prévenu en même temps des efforts que l'illustre secrétaire perpétuel avait faits pour détromper les ignorants.

Averti par un baleinier qui touchait au Cap, l'astronome anglais s'empressa d'écrire à Arago pour le remercier. Sa lettre fut insérée dans le onzième volume des *Comptes rendus*.

Mais il s'est trouvé un grand nombre d'enthousiastes qui n'ont pas voulu démordre de leurs illusions. Ils découvrirent tant de mauvaises raisons pour continuer à se bercer de leurs rêves, qu'il fallut un grand nombre d'années pour que l'on n'entendît plus parler des hommes chauves-souris de la Lune.

CHAPITRE XV

La Lune était considérée comme le corps céleste le plus malléable, le plus propre à recevoir les modifications du dehors. C'était comme un mot vague qui n'offre aucun sens précis par lui-même et qui n'en prend qu'à la suite des épithètes dont on se sert pour l'accompagner et fixer la signification vraie qu'il importe de lui donner.

Il est donc facile de comprendre que l'influence de de la Lune ait été considérée comme s'exerçant de préférence sur la première période de la vie, pendant laquelle les impressions sont si rapides, si vives, si soudaines, les maladies et les guérisons si brusques et si complètes.

On admettait que la Lune ne pouvait exercer une influence un peu durable que sur les personnes du sexe féminin ; encore ces effets allaient ils en s'atténuant à mesure qu'elles avançaient en âge.

Même dans les circonstances les plus favorables, elle ne régnait pas sur toutes les femmes d'une façon uniforme. Celles qui étaient sanguines et à allure musculaire la sentaient moins que celles qui étaient de complexion lymphatique et qui portaient une chevelure blonde.

Comme, malgré les folies et les erreurs de tout genre qu'elle enseignait, cette science chimérique avait au

moins le mérite d'être une sorte de poésie de la nature,
les élèves de Cardan, d'Albatenius et d'Arzachel suppo-
saient que la Lune était d'autant plus influente qu'elle
était plus voisine du zénith. Dans les régions où elle
atteignait ainsi le haut du ciel elle agissait avec tout l'ensemble de ses attractions morales et matérielles.

Mais même dans son plein elle ne perdait rien de son
caractère docile aux suggestions astrales. La nature de la
signification dans les horoscopes dépendait donc surtout
des constellations dans lesquelles elle se trouvait. Parmi
les douze qui sont semées le long du zodiaque, deux
surtout, celle du Taureau et celle du Cancer, étaient
considérées comme agissant sur elle avec une énergie
toute particulière. On les nommait les deux maisons de
la Lune.

L'influence du Taureau, qui était favorable aux entre-
prises naissantes, s'exerçait principalement lorsque la
Lune était nouvelle. Celle du Cancer se produisait au
contraire avec toute son intensité quand la Lune finis-
sait, et alors elle était néfaste.

Les éclipses de Lune dans le Taureau et de Soleil dans
le Cancer étaient toujours considérées comme des événements astrologiques de la plus haute importance.

La Lune agissait surtout à l'époque de la naissance,
et elle était considérée par beaucoup d'astrologues
comme déterminant l'époque et les circonstances de la
mort de l'enfant qui venait au monde.

Quelque ridicules que soient ces opinions attenta-
toires à la liberté humaine, elles ont persisté jusqu'au
xviie siècle en France d'une façon officielle. Il y a encore
des gens qui les pratiquent en secret parmi nous. En
Chine, on peut dire qu'elles sont encore souveraines.

Chinois éclairant les esprits de leurs ancêtres.

La sollicitude des chinois s'étend jusqu'aux esprits de leurs ancêtres qu'ils consultent la nuit, lorsqu'ils ont une décision importante à prendre. Lorsque la lumière de la Lune leur fait défaut, ils cherchent à éclairer les esprits en plaçant sur l'eau des lampions allumés.

Les Chinois attachent une telle importance aux horoscopes que chaque habitant du Céleste Empire note soigneusement la situation de la Lune et du Soleil au moment de sa naissance. Ce document ne l'abandonne jamais. Il le consulte lorsqu'il veut se livrer à quelque entreprise importante, notamment célébrer ses fiançailles, ou contracter mariage. Sa famille le regarde après sa mort, afin de déterminer l'époque favorable à ses funérailles. Il n'est pas rare de voir de pauvres diables condamnés à conserver le cadavre d'un de leurs membres défunt, parce que le jour marqué par la Lune de sa naissance comme favorable à son enterrement n'est point encore arrivé.

Il est très rare que l'on connaisse dans notre Europe l'heure exacte de la naissance des hommes qui ont brillé par leurs talents ou leurs vertus, car un grand nombre sont sortis de familles pauvres et obscures. C'est donc tout au plus si on peut donner d'une façon incontestable la date véritable de leur mort.

Les derniers astrologues, qui exerçaient leur profession comme les augures s'acquittaient de la leur, c'est-à-dire qui avaient la plus grande peine à se regarder sans rire, profitaient de la rapidité avec laquelle la Lune voyage dans le ciel pour manipuler les horoscopes à leur guise. Rien n'est plus curieux que de lire à ce point de vue le livre que Cardan appelle *la Centurie des Géni-*

tures, et dans lequel il donne plus d'une preuve de dextérité dans ce genre d'impostures.

Ayant à trouver dans les astres la raison de la mort de Cicéron, Cardan déclare gravement que si sa langue fut attachée à la tribune aux harangues, c'est qu'il était né au moment où la Lune était dans le signe du Cancer.

Lorsqu'il veut arriver à trouver dans le ciel une configuration digne du fils de Dieu, il déclare que lorsque le Sauveur est venu au monde, la Lune passait devant le Soleil.

Pour de moindres personnages, il emploie des conjonctions moins rares et comme le cours des astres n'était pas connu avec une précision plus grande que la vie de ses héros, il ne se fait pas faute de saupoudrer ses horoscopes d'occultations apocryphes.

Cherchant à tirer un parti pour lui-même des enseignements de son art, Cardan se garde bien d'attribuer ses malheurs à ses habitudes de débauche et d'intempérance, mais il prétend que son infortune constante tient à ce que lors de sa naissance la Lune se trouvait en conjonction avec Algol, étoile maudite dont la nature est semblable à celle de Saturne. Si son fils fut pendu dans sa prison, comme coupable d'avoir empoisonné sa femme, la faute en est toujours à cette maudite Lune qui se trouvait encore sous la domination de cette funeste étoile! Pour compléter son étude sur lui-même il tira l'horoscope de sa mort. L'histoire nous apprend qu'il se trompa de trois années.

Il ne faut ajouter aucune créance à la version en vertu de laquelle il se serait laissé mourir de faim pour donner raison à la Lune.

Le dernier des astrologues officiels de la cour de

France, Morin, prétendait exceller surtout dans l'application de ces principes à la détermination de la date des morts.

C'est dans la position de la Lune, lors de la naissance de de Thou, qu'il prétendait avoir lu l'époque et la nature de son supplice.

Il s'avisa d'appliquer ses formules au cas de Richelieu, mais il était perdu si le cardinal n'avait devancé la date assignée par ses calculs.

Ayant une discussion très violente avec Gassendi, il tira parti d'une éclipse de Lune pour prédire l'époque ou il serait débarrassé de son antagoniste. Celui-ci eut sans doute grand'peur, car il publia une brochure afin de faire savoir qu'il ne s'est jamais mieux porté que le jour que les astres indiquaient comme la fin de sa carrière.

Grâce à la Lune, quoiqu'ils n'eussent à leur disposition que sept planètes, ces savants parvenaient à rendre compte de toutes les péripéties de l'histoire sacrée et profane. Leurs modernes successeurs sont plus gênés par l'exactitude des éphémérides contemporaines et par la régularité avec laquelle on tient dans toutes les mairies les registres de l'état civil. Mais ils ont par compensation le monde des petites planètes dont la valeur astrologique est à leur disposition, et devant lesquelles ils peuvent faire défiler la Lune.

Chacun des sept astres avait, comme on le sait, sous sa dépendance un des sept métaux ; celui qui appartenait à la Lune était l'argent. Si les astrologues avaient fait ce cadeau à notre satellite, ce n'était pas seulement à cause de la couleur blanche de cette substance précieuse, c'était encore en raison de la couleur noire que prennent spontanément les composés d'argent qu'ils connaissaient, tels que ceux que nous nommons le sulfate, le chlorure etle nitrate.

Ce qui donnait à ces observations une sorte de poésie et un air de profondeur, c'est que quelques-unes de ces substances, comme la pierre infernale, noircissent aussitôt qu'on les expose aux rayons du soleil; mais elles ne quittent point leur couleur primitive sous l'action des rayons de la Lune. Cette lumière, à moins qu'on ne la concentre à l'aide de lentilles ou que l'on ne prolonge son action pendant un certain temps, respecte également le nitrate et le chlorure d'argent, substance qui a été pendant longtemps la base de la photographie. Il a fallu employer des précautions particulières pour appliquer à la Lune cette invention véritablement merveilleuse.

Les physiciens contemporains ont triomphé d'une façon véritablement merveilleuse des incompréhensibles répugnances de Phœbé. D'habiles ingénieurs opticiens ont forcé l'indocile déesse à retracer elle-même son portrait en caractères indélébiles.

Combien il faut se féliciter que cet art merveilleux n'ait point été inventé à une époque où la crédulité était en quelque sorte universelle, et où l'on n'aurait pas manqué d'exploiter le pouvoir de fixer les ombres. Le nécromancien qui aurait découvert le secret de Niepce et de Daguerre n'aurait pas certainement été traîné en police correctionnelle, mais, armé de ces procédés, cet adroit imposteur aurait peut-être fait trembler sur leur trône tous les rois de la terre.

Pline nous apprend que l'on ne trouve jamais d'or sans qu'il contienne une quantité plus ou moins grande d'argent. Il aurait pu ajouter qu'on ne rencontre jamais

dans la nature d'argent où il n'y ait des traces plus ou
moins apparentes d'or; aux yeux des astrologues et des
alchimistes c'eut été une preuve de plus de la fraternité
d'Apollon et de sa sœur.

- L'amitié de Vénus et de Diane se démontrait également
par la facilité avec laquelle les deux métaux peuvent
s'unir l'un avec l'autre.

Toutes les assimilations qui ne paraissent aujourd'hui
que des jeux d'esprit, et qui pourraient encore être
utilisées dans nos écoles, comme d'excellents moyens
mnémoniques, étaient considérées comme des formules
de nature à guider les adeptes de Mercure Trismégiste
dans l'accomplissement du grand œuvre! Ces formules,
quelquefois profondes, n'étaient-elles pas à préférer
aux incompréhensibles théories dont accouchent certains législateurs au savoir prétentieux et souvent sté-
rile? Sans introduire de nouveau dans la science la
superstition des anciens auteurs, n'est-il pas possible
de lui restituer la poésie des anciens jours?

Saturne qui se trouve au haut des cieux, dans le voisinage de la sphère étoilée, et qui nous envoie une
lumière étrangement pénétrante malgré la faiblesse
extraordinaire de son éclat, offre des caractères tout à
fait opposés à ceux qui distinguent à la fois les propriétés et les allures de notre satellite.

Aussi les raisons d'analogie qui avaient fait ranger
sous l'empire de Phœbé les femmes et les enfants lui
avaient soumis les vieillards.

Suivant les théories les plus probables, chacun des
deux cercles principaux qui entourent Saturne serait
formé d'une multitude incalculable de petites lunes.

En suivant les mêmes analogies, on avait été con-

duit par une pente invincible à déclarer que la Lune et
Saturne étaient hostiles l'un à l'autre. Mais comme la
Lune était un astre faible, ce n'était pas elle qui dominait
quand ces deux corps hostiles luttaient l'un contre
l'autre. Saturne irrité était terrible lors de ses occul-

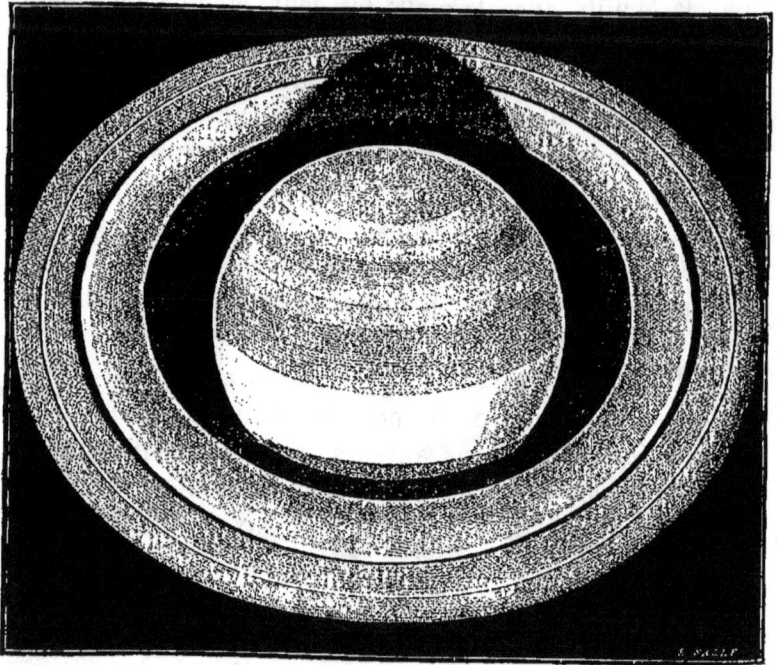

Saturne.

tations, au moment où ce globe étourdi, image de la
faiblesse et de la fragilité de la mère du genre humain, venait avec sa lumière folâtre cacher les rayons
descendant de l'astre des rois, des princes et des sages.
Ces événements étaient considérés par les astrologues
de toutes les écoles comme devant être accompagnés

par des circonstances tristes, lugubres, par de grands désastres, des crimes horribles et des catastrophes épouvantables.

Lors de l'année terrible, Saturne a subi successivement trois occultations visibles toutes trois à Paris. Quel ample sujet de déclamations pour de prétendus prophètes? En effet, jamais Saturne dans une seule de ses courses n'a éclairé tant de catastrophes déplorables, tant d'éclipses de l'intelligence, du courage et des vertus qui distinguent une nation dont la frivolité a malheureusement terni plus d'une fois les qualités généreuses et guerrières.

On peut dire sans exagération que c'est en appliquant à l'étude de la Lune l'admirable instrument d'optique fabriqué de ses mains que Galilée a donné à l'astrologie judiciaire le coup de grâce.

Mais c'est aller trop loin que de dépouiller la Lune de toute espèce d'influence sur les phénomènes naturels, influence dont Newton seul nous a appris à constater les effets si multiples avec une précision surprenante.

CHAPITRE XVI

LA LUMIÈRE DE LA LUNE.

Les philosophes de l'antiquité ne comprenaient pas tous que cette lumière si douce et si froide provient entièrement du Soleil, centre robuste de chaleur et de vie, d'où elle dérive par une simple réflexion et dont par conséquent elle ne se distingue que d'une façon quantitative.

Ils croyaient que tout son pouvoir se bornait à s'entourer d'un anneau irisé, lorsqu'elle brille à travers une couche peu épaisse de nuées, et à produire ces anneaux colorés que le vulgaire confond souvent avec des arcs-en-ciel, quoiqu'ils n'aient rien de commun. En effet, pour voir un arc-en-ciel, qu'il provienne du Soleil ou de la Lune, il faut tourner le dos à l'astre qui le produit, tandis qu'il faut le regarder en face si l'on veut apercevoir les reflets colorés dus à la dispersion que produisent les nuages.

L'arc-en-ciel lunaire est pâle, presque blanc; on ne distingue que très difficilement les couleurs du spectre, cela tient à ce que l'intensité de la lumière lunaire étant très faible, celle des teintes auxquelles donne lieu sa décomposition ne peut se discerner aisément. C'est la même raison qui fait que le second arc ne s'aperçoit presque jamais.

Le premier est tellement rare que beaucoup d'an-

Tycho-Brahé étudiant la lumière de la lune.

ciens physiciens niaient son existence. Aristote déclare
qu'on n'est parvenu à constater sa présence que deux
fois pendant un demi-siècle d'observations.

Albert le Grand disserte longuement pour démontrer
la possibilité de ce phénomène, mais il ne s'occupe pas
des apparitions beaucoup plus visibles et beaucoup
plus fréquentes, qui accompagnent l'apparition de la
Lune lorsque le ciel est traversé par des nuages glacés.
Les uns sont de grands cercles blafards dont la Lune
est le centre et qui en sont à une distance angulaire de
22° ou 44° environ. D'autres sont des images de la
Lune réfléchie sur ces nuées, et de grands cercles de
même teinte parallèles à l'horizon. Ces météores sont
trop communs pour qu'on ait jamais songé à nier leur
existence, seulement on y a longtemps vu des présages
de mauvais augure et non des indices du passage
d'aiguilles de glace flottant dans notre atmosphère.

Il a fallu de grands progrès dans la physique pour
que l'on accordât à la lumière de la Lune, d'une manière proportionnée à sa faible intensité, toutes les
qualités qui distinguent celle du Soleil. C'est seulement
après les expériences de Piazzi Smith, au sommet du
pic de Ténériffe, avec des thermomètres électriques,
qu'on lui a concédé la propriété d'élever la température
des objets qu'elle frappe.

L'idée d'attribuer à la Lune une lumière qui lui
appartint en propre, et qui avait par conséquent des
qualités spéciales, a eu un très grand nombre de partisans. Les uns invoquaient l'existence de la lumière
cendrée qui illumine la partie obscure du disque.
D'autres s'appuyaient sur la fameuse teinte rouge qui
persiste dans certaines éclipses.

Tycho-Brahé a donné dans la *Stella nova* un excellent argument pour détruire ces croyances absurdes. « Si la Lune brillait d'un éclat qui lui fût propre, disait ce grand astronome, cet éclat augmenterait au lieu de diminuer lorsqu'elle entre dans l'ombre de la Terre, car un feu paraît d'autant plus clair qu'on le met dans un endroit plus obscur. »

CHAPITRE XVII

LA LUNE ROUSSE.

L'aspect mystérieux des paysages éclairés par la Lune provient de la vigueur avec laquelle des ombres tout à fait noires encadrent les parties que l'astre frappe directement de sa lumière. Quoique les rayons lancés par notre satellite donnent parfois une clarté qui nous surprend par son intensité, ils ne sont pourtant point assez robustes, pour envahir notablement les parties qu'ils n'atteignent pas d'une façon directe. On ne leur reconnaît aucune trace sérieuse de la puissance de réverbération qui distingue à un si haut degré les rayons du soleil, et qui étend les bienfaits du jour dans les lieux cachés (1).

Dans nos climats déjà rudes, où l'on commence à sentir les rigueurs du pôle, c'est surtout pendant les

(1) Pour se rendre bien compte de cette puissance extraordinaire des rayons du soleil, il faut avoir essayé de faire des projections pendant les heures les plus lumineuses de la journée ou bien s'être proposé de développer des clichés photographiques dans une chambre obscure. Le moindre rayon de soleil possède une puissance si prodigieuse, qu'il suffit qu'un petit coin du disque soit à découvert pendant une éclipse pour qu'il fasse encore grand jour. Lorsque le premier rayon direct envahit l'immensité, le paysage s'anime avec une puissance merveilleuse. Pour se rendre bien compte de cet effet, il faut avoir passé une nuit dans l'air et assister au moment où, par un ciel limpide, l'astre prend possession de son domaine.

longs mois d'hiver que la Lune montre tout son éclat. Mais sa lumière est alors accompagnée d'un froid toujours très vif, de sorte qu'elle produit une impression qui est loin d'être uniformément agréable.

Nous devons donc reconnaître que Gœthe a été bien inspiré lorsqu'il nous a montré le désespoir de Faust, provoqué par les rayons d'une magnifique pleine Lune. Évidemment c'est bien en présence de cette lumière glacée qu'un esprit troublé par les sophismes de la science allemande doit comprendre enfin le creux, le vide, l'absurde de formules superbes.

Ce génie orgueilleux qui a cherché à déchiffrer toutes les énigmes, mais qui a fermé son cœur aux grandes voix de la nature, se sent cerné, terrifié par les torrents d'une clarté qui l'inondent sans l'éblouir, et qui sont aussi impuissantes à retremper son âme qu'à réchauffer son cœur. S'il échappe par miracle au suicide, ce ne sera que pour se lancer dans une carrière de débauche, de folies et de crimes!

Les Gaulois faisaient rendre leurs oracles par des femmes qui n'habitaient ni des temples comme les vestales, ou la Pythie de Delphes, ni des bois sacrés comme les autres druidesses, mais qui établissaient leur séjour dans les îles les plus rocailleuses, les plus abruptes, les plus désertes que les ouragans et les tremblements de Terre soient parvenus à détacher de la péninsule armoricaine.

C'était la lumière de la Lune qui guidait leur main homicide, lorsque leur couteau sacré fouillait la poitrine des victimes humaines étendues sur une table formée de larges pierres.

C'est encore à la lueur de la Lune que ces prêtresses

Sacrifices druidiques au clair de lune.

d'une religion impitoyable examinaient le vase de fer
où elles avaient reçu le sang humain. Elles interro-
geaient la manière dont le liquide à moitié congelé
reflétait l'image de la farouche déesse.

Les présages recueillis d'une façon aussi sinistre
étaient rarement de nature rassurante. C'est ainsi, suivant la légende, que Vercingétorix apprit sans trembler
le sort que lui réservait le fer de César !

Macrobe a recommandé d'une façon très sévère de
bien prendre garde de ne pas laisser tomber les rayons
de la Lune sur le crâne nu.

Faut-il en conclure que cette lumière a, comme il le
donne à entendre, la puissance de troubler la pensée
en remplissant le cerveau de lymphe ?

Les astrologues croyaient que la lumière de la Lune
possédait des propriétés néfastes, que ses rayons ar-
gentés si doux et si gracieux avaient des vertus mor-
bides. Mais la physique moderne a permis d'expliquer
tous ces phénomènes d'une façon plus rationnelle et plus
simple. C'est ce que nous allons essayer de faire.

Pour expliquer cet effet d'une façon simple, il suffit de
remarquer que la Lune ne peut briller que dans un ciel
serein, ouvert par conséquent au rayonnement nocturne.
Le peu de chaleur que portent les rayons n'est donc pas
suffisant pour échauffer les objets qu'ils frappent. Les
choses se passent donc comme si la Lune était un centre
d'irradiations frigorifiques et humides dont la prudence
la plus vulgaire ordonne de se garantir.

Le plus célèbre des astronomes français, et celui de
tous qui était peut-être le moins disposé à sacrifier aux
rêveries d'un autre âge, ne partageait nullement les
préjugés de ses confrères qui refusent à la Lune toute

espèce d'influence, excepté celle qu'elle exerce sur les
eaux de la mer. Il ne croyait pas déroger en s'occupant
avec ardeur de la manière dont la Lune agit sur les
phénomènes météorologiques et sur beaucoup d'autres.

Fils d'une famille d'agriculteurs intelligents, et élevé
à la campagne dans une exploitation rurale, Arago
n'oublia jamais quels trésors d'observations naïves se
trouvent parfois déposés dans des pratiques empiriques
découvertes par les hommes des champs, mais dont
ils sont cependant hors d'état de rendre compte d'une
façon quelconque. Ce grand homme était déjà célèbre
et depuis longtemps membre de l'Académie des sciences,
lorsqu'il lui arriva une aventure, qui aurait dû servir
de leçon aux savants dont les théories impérieuses
tracent des limites absolues à l'esprit humain.

Laplace avait été un des membres de l'Académie des
sciences qui avaient accepté le plus facilement la Restauration. Louis XVIII récompensa son adhésion par
un siège à la chambre des Pairs, accompagné d'un titre
de marquis.

Mais Sa Majesté, qui n'aimait pas les personnages politiques que dans la langue du temps on nommait les
girouettes et qui avait un esprit très caustique, ne
négligeait aucune occasion de mystifier le volage astronome. Un certain jour où le nouveau marquis s'appro-
chait respectueusement du roi pour lui présenter ses
hommages, celui-ci l'interpella brusquement. « Monsieur
le marquis, lui dit-il avec un sourire qui pouvait exprimer
une fine ironie aussi bien que de la bienveillance, pou-
vez-vous me dire, vous qui connaissez si bien les astres,
ce que c'est que la Lune rousse ? »

Laplace n'avait jamais entendu parler de ce nouvel

astre dont il ignorait complètement l'existence ; comme il
était fort timide, et très gauche, il resta interloqué et
rougit jusqu'aux oreilles, sans trouver de quoi répondre.

Vercingétorix et la druidesse.

Enfin, après avoir balbutié quelques excuses bana-
les, il s'esquiva le plus prestement qu'il lui fut possible.
Dans sa détresse, il s'en alla immédiatement trouver

Arago et il lui demanda s'il savait ce que le roi avait
voulu dire. Arago, de son côté, n'avait jamais entendu
parler de la Lune rousse, mais comme il lui sembla
qu'il s'agissait de quelque affaire agricole, il se rendit
auprès du jardinier du Luxembourg pour prendre son
avis.

Cet homme apprit à l'astronome que les paysans
donnaient ce nom à la Lune qui commence en avril et
qui finit en mai; il ajouta qu'il pensait qu'on la dési-
gnait ainsi uniquement parce qu'elle faisait rougir les
bourgeons sur lesquels sa lumière tombait, et qui ne
pouvaient recevoir cette teinte sans périr.

Arago était trop bon physicien pour ne point accepter
le témoignage de l'expérience. Mais il ne crut pas qu'il
fût nécessaire d'admettre l'explication frivole que des
gens superstitieux avaient adoptée, et de croire que la
lumière de la Lune avait la puissance de frapper de
mort les parties vertes des plantes en leur communi-
quant sa teinte rougeâtre.

La lumière de la Lune était bien innocente de cette
calamité agricole, qui provient de ce que le ciel ne peut
se découvrir pendant la nuit sans que le refroidissement
vers les espaces célestes détermine une température
que les jeunes pousses ne peuvent supporter. Il se forme
en effet dans l'intérieur des vaisseaux capillaires de
petits glaçons qui les désorganisent tellement que la
sève n'y peut plus circuler.

Il n'est malheureusement pas aussi commode de trouver un remède qu'une explication de ce phénomène.

Cette théorie remarquable a appelé l'attention des
agronomes sur les clayonnages, les espaliers, en un mot
tous les procédés analogues employés par les agricul-

teurs pour garantir les jeunes pousses contre le rayon-

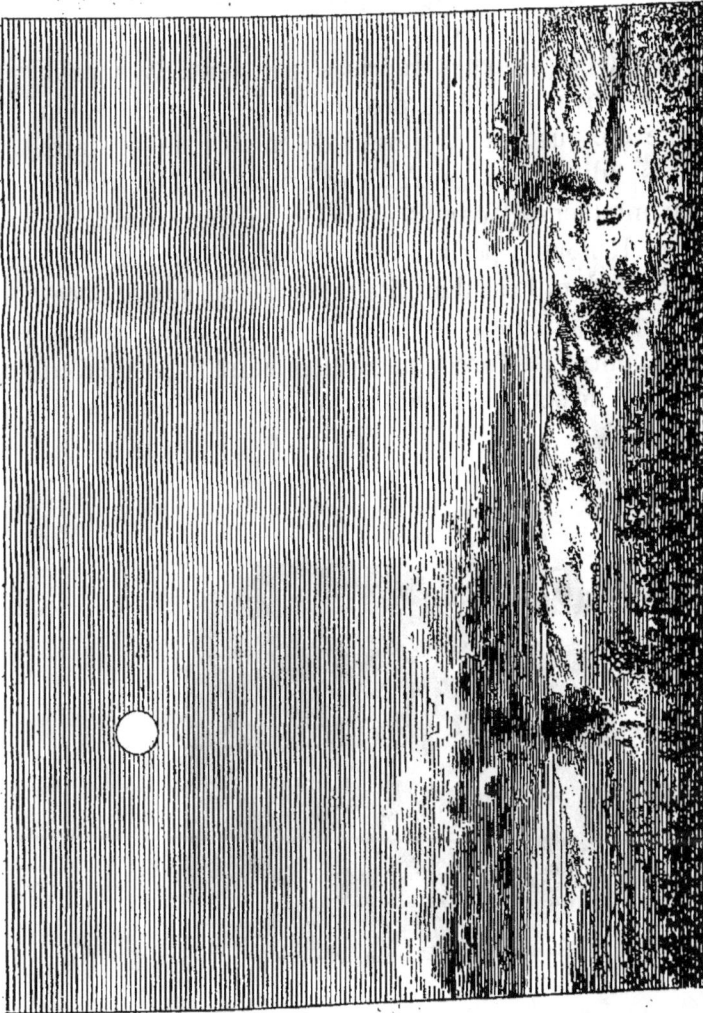

Nuages artificiels. — Expérience pour protéger les vignobles contre la lune rousse.

nement nocturne. On a aussi songé à créer des nuages artificiels, en brûlant des substances susceptibles de produire des fumées assez abondantes pour empêcher les plantes de voir le ciel lorsque des nuages véritables n'existent pas dans l'atmosphère.

On a fait à plusieurs reprises des tentatives pour utiliser ces principes à la protection des vignobles. On a même été jusqu'à proposer de mettre le feu aux matières fuligineuses à l'aide d'appareils électriques mis en mouvement par le retrait d'un thermomètre à minima. Il nous a paru intéressant de faire connaître un procédé dont le seul mérite est peut-être son audace. Mais ce n'est jamais sans témérité que l'homme se met en lutte contre les forces naturelles et qu'il essaie d'en triompher directement sans employer quelques subterfuges.

CHAPITRE XVIII

Obligés de se tenir renfermés pendant toute la durée du jour pour échapper aux terribles ardeurs du Soleil, les habitants des régions méridionales sont mieux à même que nous pour admirer la lumière douce, calme et tranquille que la Lune fait descendre sur la Terre. Lorsque son disque s'épanouit près du zénith, ses rayons portent à la rêverie, à la poésie. Il est difficile de les voir inonder les charmantes campagnes de la Grèce et l'Italie sans penser malgré soi que ce monde voisin du nôtre exerce sur l'âme quelque influence bienfaisante. Aussi trouve-t-on dans Virgile et dans Théocrite des idées gaies, gracieuses et infiniment rassurantes. La Lune n'est pas pour eux une divinité farouche, c'est la reine des nuits que chantent de vrais poètes, inspirés par l'esprit divin qui anime la nature, touchés par le souffle du Créateur.

Les progrès de la civilisation nous ont donné tant d'habitudes factices, tant de besoins artificiels, que nous avons perdu tout sentiment du rôle exquis et délicat que joue Phœbé dans les grandes harmonies de la nature. Excepté les jours d'éclipse, personne ne daigne la regarder sur les boulevards, où l'on préfère admirer les étalages.

Les Anglais ont mieux conservé le culte de la Lune,

12

et l'on ferait un recueil intéressant en réunissant toutes les légendes et toutes les poésies que les Lakistes ont composées en son honneur, dans leur île brumeuse.

La Lune qui commence en août et qui finit en septembre a été chantée avec un enthousiasme particulier, et des astronomes ont même composé des ouvrages scientifiques à son honneur.

On la nomme la Lune de la moisson, non pas parce que ses rayons argentins posséderaient la propriété étrange d'aider les blés à mûrir, mais parce que les agriculteurs attendent généralement qu'elle approche de son plein pour commencer la récolte.

En effet, dans cette saison, la Lune décrit encore des arcs nocturnes très élevés au-dessus de l'horizon non seulement le jour où elle est pleine, mais encore un peu avant et un peu après. Elle donne donc pendant plusieurs nuits consécutives une lumière éclatante qui permet de continuer les travaux agricoles. En outre, le temps paraît être exceptionnellement beau pendant cette période, comme si sa présence exerçait alors une influence bienfaisante sur l'état de l'atmosphère.

Très habiles et très économes, les agriculteurs écossais exploitent ces circonstances naturelles, et la date de la Lune de la moisson est notée avec soin dans tous les calendriers du nord de la Tweed.

C'est une raison du même genre qui fait que l'*Annuaire du bureau des longitudes* publie chaque année une table destinée à faciliter le calcul de l'heure du lever et du coucher de la Lune. En effet, il y a en France nombre de municipalités qui profitent de la présence de la Lune au-dessus de l'horizon pour supprimer tout éclairage public.

Paris avant l'installation des réverbères.

Il en était encore de même à Paris il y a un siècle, époque où l'établissement de réverbères à l'huile était considéré comme réalisant un immense progrès, alors que la perspective de l'éclairage par l'électricité n'était point entrevue par les plus hardis utopistes.

Nous avons vu renaître pendant le siège de Paris ces temps oubliés. La Lune avait repris toute son importance du moyen âge. On n'aurait pas si facilement couvert de sarcasmes les philosophes spiritualistes, osant prétendre qu'un corps aussi volumineux, aussi voisin de la terre, doit jouer quelque rôle considérable dans l'équilibre du monde.

Il y a un siècle, les astrologues auraient encore eu raison de dire que la Lune présidait aux voyages. En effet, les routes étaient si peu sûres que l'on craignait souvent de s'y engager excepté à l'époque où la Lune pouvait donner la clarté dont les conducteurs et postillons avaient besoin pour voir de loin les voleurs.

Avant la révolution française, il y avait à Birmingham un club scientifique dont Watt et Priestley étaient les membres les plus assidus et que l'on appelait le club Lunaire. Ce n'était pas parce que la Lune influait sur les délibérations de ses membres, et exerçait une influence directe sur leur clairvoyance, mais parce qu'il se réunissait lors de la pleine Lune afin de n'avoir pas à porter des lanternes, et d'éviter plus facilement les Cartouches et les Mandrins d'outre-Manche.

Qui oserait affirmer cependant que la Lune n'est point en quelque sorte entrée indirectement en collaboration avec ces sages, qui ayant à faire quelquefois une route assez longue, méditaient forcément, chacun de son côté, sur les objets à l'ordre du jour et arrivaient à la réunion admirablement préparés à leurs savants débats par une promenade solitaire.

Mais si la Lune permettait à ces grands physiciens d'éviter de tomber en mauvaises mains, elle produit malheureusement des effets bien différents de nos jours en Irlande. C'est lorsqu'il fait *Clair de Lune* que les Fenians accomplissent leurs tristes exploits, et viennent *boycotter* (1) (assassiner) les fermiers paisibles ou les propriétaires sans défense.

En effet si la lumière de Phœbé est suffisante pour accomplir des forfaits, elle ne l'est pas pour qu'on puisse reconnaître les coupables sous les déguisements dont ils s'affublent ; une fois le crime accompli, ils peuvent facilement disparaître dans les bois sans avoir à redouter la poursuite des constables.

De nos jours encore, on peut dire que les aéronautes appartiennent à la Lune, qui a acquis un grand pouvoir sur une profession dont l'importance grandira de siècle en siècle ; cela tient uniquement à ce que sa lumière secourable leur permet de reconnaître assez facilement l'état de la surface de la Terre, pour qu'ils puissent avoir une idée de ce qui se passe à leurs pieds. Lorsque la Lune brille, ils savent toujours très bien s'ils flottent au-dessus des plaines de l'Océan ou de celles de la Beauce.

L'œil du navigateur aérien s'habitue vite aux ténèbres, lorsqu'il est suffisamment exercé, il peut tirer parti même du clair des étoiles. Mais l'histoire aérienne du siège de Paris montre que la Lune, dont les directeurs du service des ballons avaient oublié de se

1) M. Boycott fut la première victime de ce genre d'attentat.

préoccuper, avait joué un rôle prépondérant dans les
résultats obtenus à l'aide de cette véhiculation si peu
ordinaire. C'est pendant des nuits sans Lune que la
Ville-d'Orléans n'ayant point aperçu l'Océan a été s'é-
chouer en Norwège, que le *Jules-Favre* a abandonné
l'héroïque Prince au milieu des flots et que l'intrépide
Lacaze a été englouti avec le *Général-Cambronne*.

Il n'y a rien d'absurde à supposer que la lumière de
la Lune favorise la putréfaction des viandes et même
la propagation des choléras et des pestes. En effet, le
refroidissement nocturne, corrélatif de son apparition,
qui, même en plein Sahara, est assez énergique pour
produire de la glace, est inévitablement accompagné
d'un abondant dépôt de rosée qui couvre naturellement
tous les objets exposés à son action; mais en descendant
vers la surface de la terre les gouttelettes d'eau donnent
ce que l'on peut appeler un coup de balai à l'atmosphère.
Elles arrivent donc chargées de germes, et de microbes
de toute nature.

Non seulement la lumière de la Lune peut donc produire la décomposition des viandes et des matières organiques, animales ou végétales, mais elle peut contri-
buer à la propagation des épidémies en ramenant à la
surface de la Terre les organismes qui les déterminent.
La corrélation que quelques auteurs ont cru remarquer
entre l'état de la Lune et la marche des pestes et des choléras pourrait bien ne pas avoir en réalité d'autre cause.

Nous sommes donc conduits de proche en proche par
une chaîne de raisonnements simples et irréfutables à
nous préoccuper des mêmes questions que les populations qui s'attendaient à voir apparaître Hécate avec
sa coiffure de serpents dans la flamme des hécatombes

de chiens noirs, et s'imaginaient que la redoutable Circé ainsi que la terrible Médée figuraient au nombre de ses filles.

La physique a découvert dans les airs des agents dont les algébristes, qui croient pouvoir mettre en équation tous les problèmes de la nature, ne prononcent le nom qu'avec une certaine répugnance, mais dont la considération intelligente peut nous conduire beaucoup plus loin que les croyances supertitieuses des spirites de nos jours ou des anciens prêtres d'Isis.

Dans les régions boréales, on ne voit pas la Lune tous les mois. En effet, le Soleil ne se couchant point pendant l'été ne permet pas à notre satellite de montrer un seul instant son disque, excepté comme un nuage blanchâtre perdu, égaré au milieu des autres.

En hiver, au contraire, il y a des mois où le Soleil ne paraît pas une seule fois au-dessus de l'horizon. L'arrivée de la Lune est alors considérée comme un grand bienfait, car la moindre lumière brillant au ciel vient rompre l'épouvantable monotomie d'une nuit aussi lugubre que profonde. Mais une nature marâtre ne donne pas toujours cette triste consolation aux pauvres habitants de ces contrées désolées. Chaque hiver, la Lune ne s'écarte pas toujours assez de l'astre du jour pour faire aux Esquimaux ou même aux Lapons et aux Norwégiens l'aumône de quelques rayons glacés.

La superstition populaire a exploité ces circonstances d'une façon très curieuse. Si la Lune ne se montre pas c'est, disent des gens dont la crédulité ne recule devant aucune extravagance, parce que des sorcières l'ont obligée à descendre du ciel sur la terre par la force de leurs enchantements.

Le club lunaire de Birmingham.

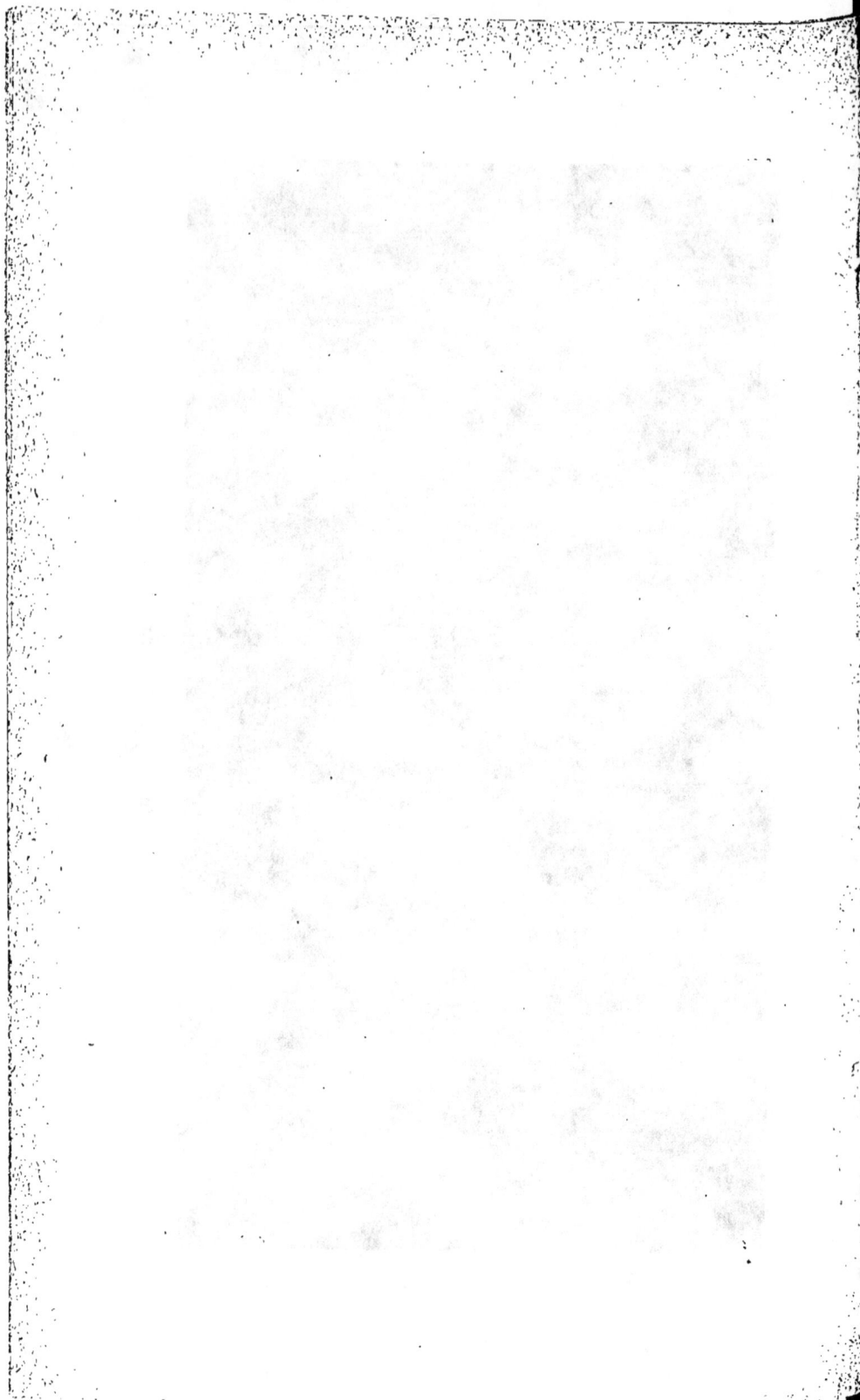

Si cette étrange croyance a pris naissance dans les régions boréales, elle s'est répandue chez toutes les nations du midi, et nous voyons, par ce que nous disent les auteurs latins, combien elle était générale.

Nous la retrouvons notamment dans Virgile, lorsqu'Énée va visiter la Sibylle de Cumes, avant de descendre aux enfers. Lucain donne le même pouvoir à l'infâme sorcière que Sextus, fils de Pompée, va consulter avant la bataille de Pharsale.

C'est pendant l'absence de la Lune que la Pythie de Delphes rendait ses oracles. On ne pénétrait dans le mystérieux sanctuaire où la prêtresse montait sur son trépied que par une porte secrète, que cachait l'autel d'Apollon.

Ceux qui consultaient l'oracle étaient obligés de garder le plus profond silence. Le prêtre qui les conduisait avait sans cesse son doigt sur les lèvres pour que l'on n'oubliât pas cette prescription essentielle, et que la surprise en présence des convulsions de la Pythie ne conduisit pas à proférer quelque exclamation qui, quoique involontaire, eût empêché le charme de s'accomplir.

C'est dans ces nuits sombres que les Sigonautes, prêtres des Borusses, consultaient leur Galunde. Avant de répondre aux questions qu'on lui posait, cette vestale grossière simulait la folie et courait à moitié nue à travers des brasiers de bois légers. Mais de toutes les prêtresses, celle de Pikaulos était peut-être la plus infâme. En effet, elle rendait souvent des oracles mensongers et trompeurs, dans le but de faire massacrer ceux qui avaient recours à sa prétendue science. Toutes les fois que la population s'accroissait trop rapidement et que les grands pouvaient craindre que le gibier dût faire place à l'homme, cette prophétesse scélérate déclarait solennellement que son Dieu exigeait une expédition militaire sur les terres des chrétiens.

Enflammés par de semblables discours, des jeunes gens partaient sur-le-champ pour piller les Germains. Mais prévenus en secret par les Sigonautes, ceux-ci profitaient des ténèbres pour dresser des embuscades dans lesquelles périssaient tous ceux que la Galunde avait envoyés au trépas!

C'est surtout au commencement des nuits sans Lune que l'on voit les hiboux et les chauves-souris sortir tout effarés des trous dans lesquels ils sont restés tapis pendant tout le temps que brillait le Soleil. Encore aveuglés par la clarté du jour, ils se hâtent de profiter des derniers rayons du crépuscule pour chasser les animaux impurs dont ils se repaissent, car leur instinct leur dit que la lumière de Phœbé va leur manquer jusqu'aux premières lueurs de l'aurore.

Alors le *Birgus Laro* se rend au sommet des cocotiers, et avec ses pinces acérées détache le fruit dont l'écorce se brise contre terre et dont il veut se repaître.

On voit aussi le hideux Priodonte se glisser auprès des tombes pour essayer de déterrer les cadavres qu'elles renferment.

Le Prussien comptait sur ces ténèbres pour arriver jusqu'au pied de nos remparts et surprendre nos sentinelles, mais une vaillante étincelle électrique nous permettait de voir l'ennemi rampant le long du sol gelé, et de lui faire expier sa hardiesse à coups de mitraille.

Les nuits de la nouvelle Lune étaient célébrées par les sorcières, qui continuaient quelquefois sans s'en douter

La Pythie rendant les oracles à la nouvelle Lune.

la tradition des fêtes de la Lune, car leur sabbat était men-

L'obscurité venue, le **Priodonte** sort de son repaire.

suel, et non pas, comme le disent la plupart des auteurs, analogue à la cérémonie hebdomadaire des synagogues.

Que la Lune fût naissante ou mourante, il fallait à tout prix éviter sa lumière révélatrice, qui aurait livré les adeptes d'un art imaginaire à la puissance, hélas! beaucoup trop réelle, des enfants de la Terre.

C'est alors que les sorcières, prenant leurs ébats dans la lande, organisaient les rondes infernales, dans lesquelles elles attiraient des dupes et des fanatiques.

Souvent la fête grossière et brutale se passait autour d'une statue qui représentait plus ou moins la figure de l'ennemi du genre humain auquel quelques-uns de ces pauvres diables croyaient naïvement avoir vendu leur âme, puisqu'ils s'en accusaient lorsqu'ils tombaient entre les mains des inquisiteurs.

Ces nuits, pendant lesquelles la Lune ne brille pas, seraient éminemment favorables aux observations astronomiques; malheureusement elles sont fort souvent troublées, sinon par des tempêtes, du moins par des nuages qui empêchent les expériences.

Cet effet est si remarquable qu'on a dit, non sans quelque apparence de raison, que la Lune mange les nuages. C'est encore Arago qui a recueilli ce dicton qui veut dire en français académique que la Lune disperse les nuées.

L'illustre secrétaire perpétuel de l'Académie des sciences en a très habilement profité encore une fois pour faire briller sa sagacité hors ligne. En effet il a trouvé moyen d'en découvrir une explication des plus curieuses et en même temps des plus fécondes.

Quoique très faible, la chaleur de la Lune est assez considérable pour réduire à l'état de vapeur impalpable les nuées qui nagent dans l'air nocturne, et troublent sa transparence.

Galunde traversant des brasiers.

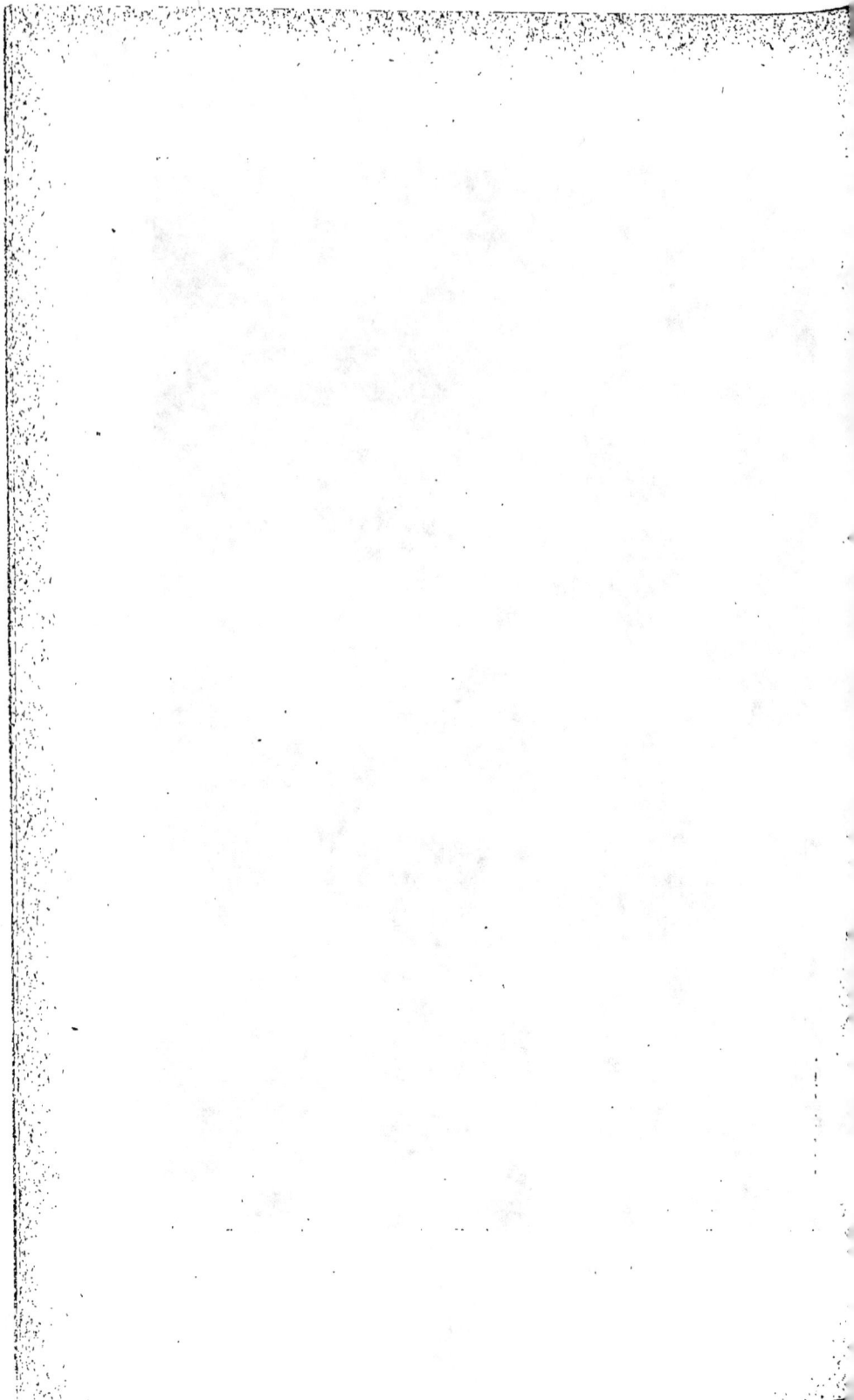

En agissant de la sorte notre satellite est loin de réchauffer la terre, il ne fait en quelque sorte qu'ouvrir traitreusement la porte au calorique qui s'enfuit dans les régions célestes.

Mais si cette action peut être considérée comme nuisible à l'époque d'un grand froid et dans les zones polaires, n'est-elle pas en quelque sorte utile dans les zones torrides? n'est-ce pas la Lune qui vient donner alors le répit dont l'organisme humain a besoin pour résister aux influences débilitantes, empoisonnant les plus délicieuses régions de notre globe ?

CHAPITRE XIX

LA LUNE ET LES OCÉANS.

Les idées précédentes ont été pour la plupart écra-
sées lors de la chute de l'astrologie judiciaire, mais ce
n'est point sans avoir constaté de très grands résultats,
que la science moderne s'est bien donné garde de re-
jeter, et dont elle s'est emparée avec avidité.

C'est parce qu'ils croyaient à l'empire de la Lune sur
les éléments humides du globe que les anciens ont été
conduits à deviner que l'action de cet astre produit les
marées océaniques, ce grand phénomène qui plongea
les soldats de César dans la stupeur, quand ils en furent
témoins pour la première fois.

Pline était déjà revenu de la théorie grossière des
stoïciens, qui considéraient ces alternatives comme
produites par la respiration de la Terre, à laquelle ils
donnaient une cavité thoracique analogue à celle de
l'homme, et des mouvements d'aspiration et d'expira-
tion durant chacun six heures.

Les idées du grand naturaliste romain sont bien
plus conformes aux nôtres que celles qui furent émises
lors de la Renaissance. En effet, uniquement préoccupé des besoins de sa glorieuse polémique, Galilée
n'a vu dans la périodicité de ces merveilleux effets
qu'une suite directe de la rotation du globe. Il a sup-
primé l'action de la Lune vengée bientôt après par

Newton, le jeune Anglais qui naissait le jour même où le vieil Italien rendait le dernier soupir.

Newton représente le mouvement de la surface des mers par la superposition de deux ellipsoïdes dont l'allongement correspond à la hauteur du jusant au-dessus du niveau des basses mers et dont le sommet correspond à chacun de nos deux luminaires, mais il a fait voir de plus que l'allongement de celui qui suit le Soleil est moindre que celui que la Lune traîne après elle.

Il a démontré que, dans ce genre d'effets (et c'est ce qui arrive sans doute dans beaucoup d'autres), l'action de la Lune dépasse celle du Soleil. Le voisinage de l'atome fait plus que de compenser les immenses proportions du globe lumineux qui est son rival.

On peut dire que les Chinois ont peut-être réservé à la Lune un rôle trop modeste quand ils disent que leur empereur est le frère cadet du Soleil, mais le frère aîné de la Lune. Si on prend l'ensemble des effets physiques, physiologiques qui appartiennent à ces deux corps célestes, les mandarins seraient peut-être plus près de la vérité s'ils adoptaient la version inverse.

Quelque bizarre que doive nous paraître cette opinion fantaisiste, elle semble avoir inspiré un auteur allemand assez célèbre, M. Smick qui, dans un ouvrage fort bien écrit, s'efforce de nous prouver que l'écorce terrestre est produite par les efforts combinés de la Lune et du Soleil.

Laplace a complété dans une multitude de détails cette théorie des marées, qui, sans arriver à la perfection absolue, a été l'objet de travaux immenses. On a reconnu que les hautes et basses mers ne se pro-

duisent pas toujours à l'heure indiquée, que les plus
grandes de chaque mois n'ont pas lieu exactement le
jour où la Lune et le Soleil passent ensemble au méridien, et que les plus petites n'arrivent pas quand l'un
de ces astres est au méridien et l'autre à l'équateur.

On a vu que la hauteur de la marée était bien loin
d'être partout la même. On s'est convaincu que le
phénomène était compliqué par des circonstances
locales.

On a déterminé des écarts inexplicables par l'action
de la Lune même, en y joignant celle du Soleil, si l'on ne
tient compte de l'effet des vents qui accélèrent, ralen-
tissent, paralysent ou retardent l'action des eaux.

Nous ajouterons qu'on a eu beaucoup de mal à
expliquer pourquoi la Méditerranée n'a pas de marée
sensible, comment il se fait que sur les côtes du Tonkin
il n'y a qu'une seule marée par jour. On trouvera
dans l'atlas anglais de Keith Johnson des courbes très
intéressantes, permettant de se rendre très facilement
compte de la marche de l'onde des hautes mers, de sa
forme ainsi que de la vitesse de sa propagation. Il est
impossible de ne pas dire quelques mots du rôle que
ces grands et merveilleux phénomènes, dans lesquels
l'action de la Lune se développe avec toute sa puissance,
ont joué dans les polémiques dont l'Académie des
sciences a été le théâtre, et qui ont passionné l'Europe
savante pendant toute la durée de l'Empire.

Ces idées, inspirées peut-être par la doctrine des Indiens sur les transformations successives de Brahma,
furent en honneur jusqu'à ce que Laplace eut ratta-
ché la conservation des mouvements de la Lune à
celle des éléments du système du monde. Il exécuta

d'immenses calculs dont le résultat fut de montrer qu'après avoir subi une accélération pendant un grand nombre de siècles, sa vitesse moyenne devait éprouver un ralentissement pendant une période équivalente, de sorte que la somme des variations qu'il éprouverait serait maintenue dans des limites très étroites et en réalité négligeables. Jamais ces écarts ne donneraient lieu à des phénomènes dont les hommes puissent s'apercevoir.

M. Adams, jeune astronome anglais, qui s'était rendu célèbre en réclamant tardivement la propriété de la planète Neptune, déclara tout d'un coup que Laplace s'était trompé dans ses calculs. Il produisit un long travail pour prouver que les équations de la *Mécanique Céleste* ne rendaient compte que de la moitié de l'accélration du moyen mouvement de la Lune. Il restait une moitié dont il fallait trouver l'explication, si l'on voulait rendre compte, à l'aide de la théorie de l'attraction, de tous les détails du mouvement de notre Satellite.

Cette assertion détermina une grande émotion dans le monde astronomique où l'on peut dire que les mouvements de la Lune sont toujours à l'étude. Plana, directeur de l'observatoire de Turin, Hansen, célèbre géomètre allemand, et Pontécoulant, mathématicien français, se déclarèrent immédiatement contre l'astronome anglais.

Comme les calculs sont très longs et très pénibles, les vérifications nécessitées par une controverse ne sont pas faciles à exécuter même par les plus habiles. Il semblait donc qu'Adams dût périr écrasé sous le nombre, lorsqu'un nouveau champion entra dans l'arène.

C'était un des plus jeunes membres de l'Académie des

sciences de Paris, élève distingué de l'École polytech-
nique, qui confessait que Laplace s'était trompé, que
Adams avait raison, et que les modifications séculaires
du mouvement de la terre ne rendaient en effet compte
que de la moitié de l'accélération dans le moyen mou-
ment de la Lune, depuis l'éclipse de Thalès.

M. Delaunay allait même beaucoup plus loin que son
allié d'Angleterre. En effet il avait découvert une raison
physique, qui expliquait très bien cette avance, laquelle
n'était, en réalité, qu'apparente.

Si les éclipses semblaient être arrivées avant l'époque
indiquée par les calculs, c'est que l'horloge dont on
s'était servi pour évaluer le temps retardait.

Pour employer une métaphore, c'était un train rapide
qui, ayant diminué de vitesse, rattrapait un train omnibus après l'heure réglementaire.

Le retard tenait à un frein dont Laplace ne connaissait pas l'existence. Ce frein consistait dans la résistance
opposée au mouvement de rotation de la Terre par la
protubérance aqueuse que la Lune charrie avec elle
dans son mouvement diurne.

Les irrégularités du mouvement de la Lune se trouvaient donc rattachées à la théorie des marées, par
celle de la gravitation universelle.

Les calculs et la théorie de Delaunay furent attaqués
avec violence par Leverrier, directeur de l'Observatoire.
Les débats durèrent pendant toute la période impé-
riale et préoccupèrent d'autant plus l'opinion que la
presse n'était point libre de discuter les affaires politiques. La Lune produisit les effets de la pomme que le
berger Pâris eut à adjuger aux trois déesses.

S'il est vrai de dire que le génie soit une longue

patience, il faut avouer que jamais personne n'a eu autant que M. Delaunay de droits à la gloire.

En 1867 il avait publié un gros volume que l'on en-

La Lune.

voya à l'exposition universelle, et auquel les jurés s'empressèrent d'accorder tout d'une voix le premier prix.

En effet, il était rempli de chiffres et de signes algébriques de toute espèce, de sorte que le calcul avait offert des difficultés auprès desquelles celles d'une table de logarithmes ne sont qu'un jeu d'enfant. M. Delaunay avait réalisé des tours de force de calcul arithmétique. De plus, on trouvait dans son interminable équation des termes en nombre incroyable et d'une longueur tout à fait inusitée. Un de ceux que la Lune lui avait inspiré ne remplissait pas moins de 27 pages consécutives. Dans ce grand travail qui est sans analogue, même pour le Soleil, et qui suivant l'expression d'un critique, faisait le plus grand honneur à ce bel astre, M. Delaunay se proposait d'établir à jamais sa domination sur l'astronomie lunaire. En effet, ayant remarqué que les lois du mouvement de notre satellite sont assez mal représentées par des formules, et qu'il faut soumettre ces chiffres à des remaniements fréquents, il s'était proposé non pas de rédiger lui-même les tables de l'astre, mais de donner aux astronomes des formules qui faciliteraient les calculs futurs. Il a donc passé plus de vingt ans d'une vie des plus laborieuses à calculer ce que l'on pourrait appeler la préparation d'opérations analytiques qui resteront peut-être à l'état de projets. En effet, y aura-t-il quelqu'un d'assez confiant dans l'infaillibilité de son analyse pour terminer le long ouvrage qui était indispensable à l'emploi de sa méthode? L'instrument analytique qu'il voulait léguer aux générations futures n'aura-t-il point été à jamais brisé par sa mort lamentable, tragique et dont on ne peut pas dire que la Lune soit complètement innocente, s'il est vrai que ce soit son cours qui déchaîne les tempêtes? En effet, ce pauvre

M. Delaunay fut noyé pendant une partie de canotage dans la rade de Cherbourg.

La barque qu'il montait fut renversée par un coup de vent, et l'on trouva son cadavre mutilé sur des bancs de rochers qu'il avait essayé d'aborder parce qu'il était un excellent nageur.

Dans ces tristes circonstances, ne songe-t-on pas involontairement au sort d'Endymion pour lequel Diane fut si terriblement cruelle, et qui d'après certains historiens n'était comme Delaunay qu'un astronome ayant consacré à la Lune toute sa carrière. Maintenant que nous connaissons la doctrine et la personne des principaux adversaires, examinons le rôle que la Lune a joué, à l'aide d'anciennes éclipses, dans les combats d'analyses, où l'on frappait à grands coups d'équations.

CHAPITRE XX

Hérodote rapporte, dans le second livre de ses *Histoires*, que des Scythes ayant cru avoir à se plaindre de Cyaxare, roi des Mèdes, se sont vengés en lui servant dans un festin les membres d'un de ses enfants traîtreusement égorgé, et mis sur la table comme s'il s'agissait d'un gibier rare. Les scélérats qui s'étaient livrés à cette substitution atroce se réfugièrent à la cour du roi des Lydiens qui eut l'audace de leur donner asile. Il en résulta une guerre sanglante.

Mais au milieu d'une bataille que se livraient les deux nations, survint une grande éclipse de Soleil dont personne ne se doutait; l'art de prédire ces phénomènes n'appartenant à aucune des nations qui se disputaient la victoire.

Les combattants s'imaginèrent que le ciel manifestait ainsi son mécontentement de voir que tant de sang innocent était versé pour une cause aussi infâme. La terreur leur fit tomber les armes des mains, et lorsque le jour revint, les guerriers qui s'égorgeaient avec fureur tombèrent dans les bras les uns des autres et s'embrassèrent en frères.

Par une de ces contradictions bizarres qui abondent dans l'histoire et qui faisaient la loi des astrologues, cette éclipse qui a produit un effet si pacifique sur les

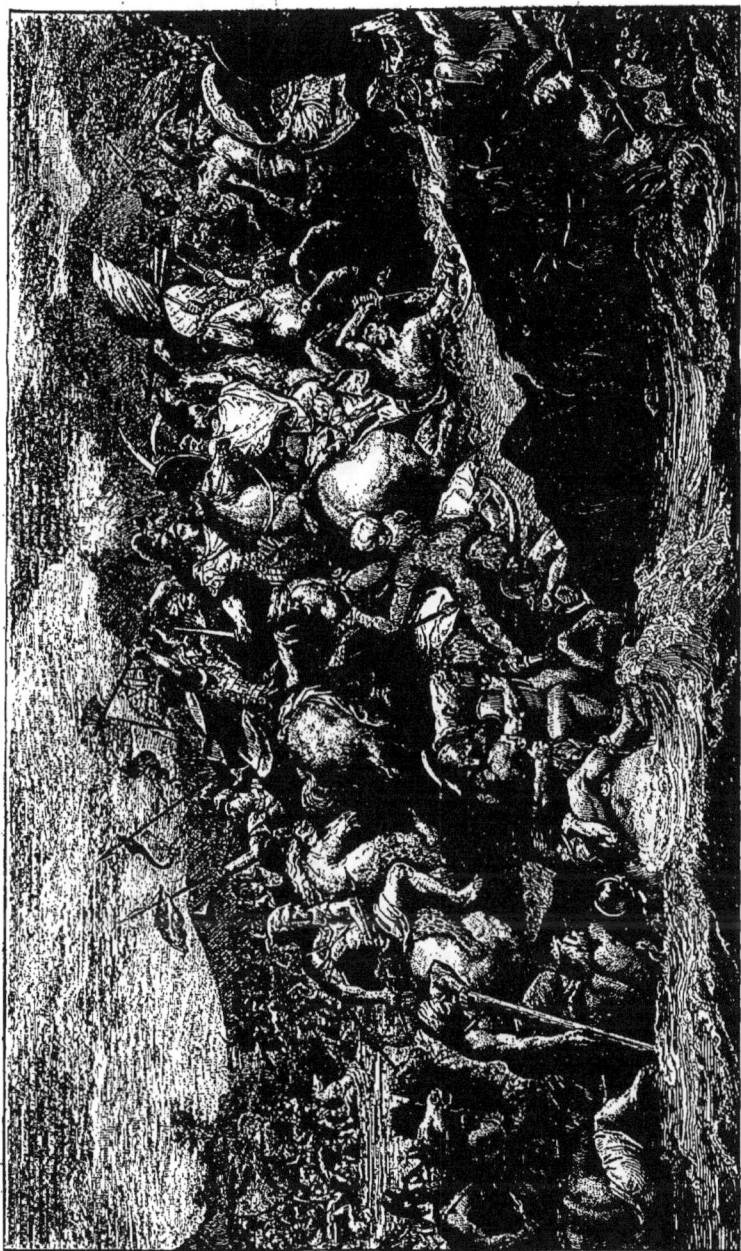

Une éclipse arrête le combat au plus fort de la mêlée.

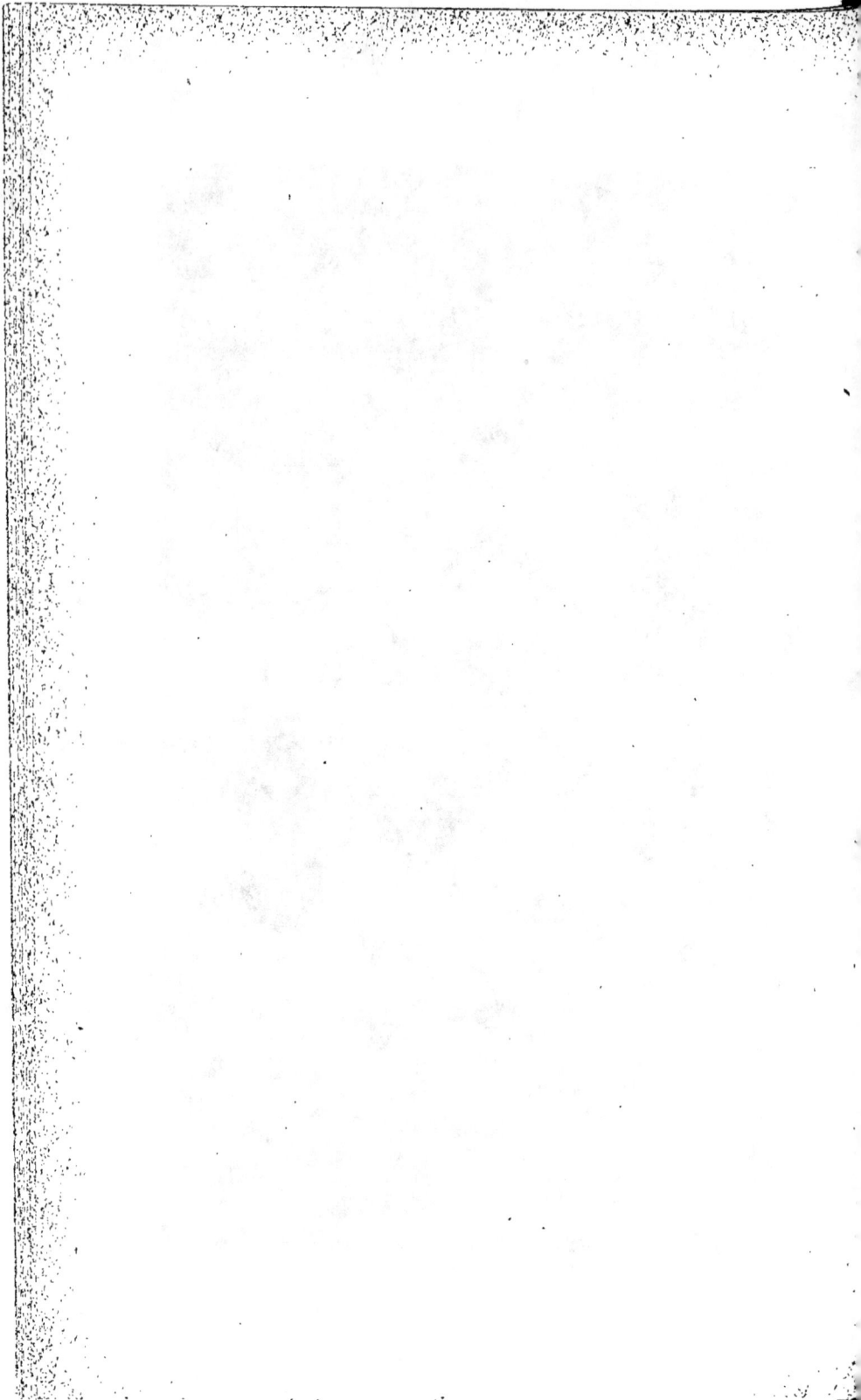

populations ignorantes a eu un résultat diamétralement
opposé sur nos castes savantes. C'est elle qui a été la
première à allumer, chez les analystes, une guerre qui
n'est point à la veille de s'éteindre.

Halley, un des plus célèbres directeurs de l'observatoire de Greenwich, l'illustre physicien qui eut la gloire
de fournir à l'inventeur moderne de l'attraction les
éléments de ses calculs, eut l'idée de comparer l'éclipse

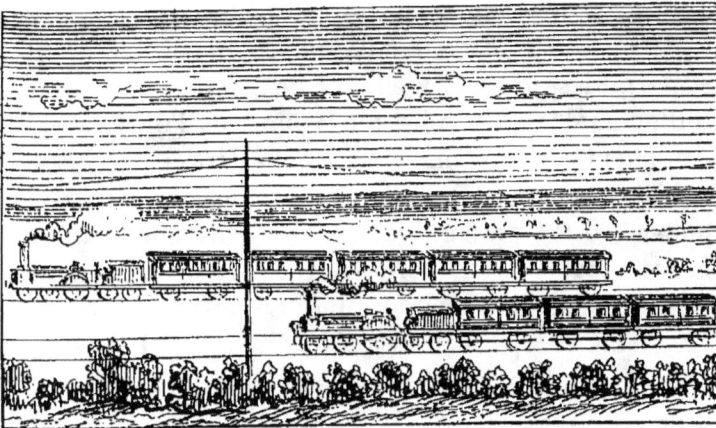

Vitesse comparée de deux trains.

d'Hérodote à celle que Xénophon a observée à Larisse,
en Asie Mineure, au moment où les Dix mille passaient
dans le voisinage de cette singulière cité.

Il en rapprocha encore l'éclipse dont profita le tyran
Agathocle de Syracuse, lorsque trompant la vigilance
des croiseurs carthaginois qui bloquaient le port de
cette ville, il essaya de frapper en Afrique même ceux
qui l'assiégeaient si étroitement.

Cette diversion hardie faillit réussir grâce au con-

cours de la nuit que le disque de la Lune étendit alors
sur les flots pendant son passage devant le Soleil. La
vue des nuages rouges et de l'auréole jeta les Carthaginois dans une terreur si vive qu'Agathocle, qui était
serré de trop près pour être superstitieux, profita de ce
moment de stupeur. Il se déroba à la flotte qui l'eût
exterminé si elle avait pu l'atteindre.

Grâce aux observations continuées pendant une
longue série de siècles par les prêtres chaldéens, on sait
que les éclipses se reproduisent par séries régulières
de 70 ans dont un petit nombre seulement sont totales
et parmi lesquelles il y en a 41 de Soleil et 29 de Lune.
Halley eut l'idée de voir à quels numéros d'ordre correspondaient ces trois phénomènes si célèbres. Sa surprise
ne fut pas mince quand il s'aperçut qu'elles avaient
toutes trois le même rang dans trois périodes éloignées. Mais si les éclipses se correspondaient, ce
n'était pas d'une façon absolue. La position respective
des trois corps célestes, la Terre, la Lune et le
Soleil, n'était point tout à fait pareille, puisque les
trois éclipses n'avaient pas été visibles dans la même
région, mais que la totalité s'était produite de plus en
plus à l'ouest.

Les éléments de ces phénomènes se modifiaient d'une
façon systématique et ordonnée dans la suite des temps.
Au bout d'un grand nombre de siècles, la période découverte par les prêtres chaldéens n'avait plus la fixité
absolue qu'on lui attribuait.

Si rien n'avait changé, l'ombre de la Lune aurait
atteint la terre au même point de sa surface avec autant
de précision que l'express vient toujours rattraper au
même poteau un train omnibus suivant un rail paral-

lèle, lorsque la vitesse des deux trains est parfaitement
régulière.

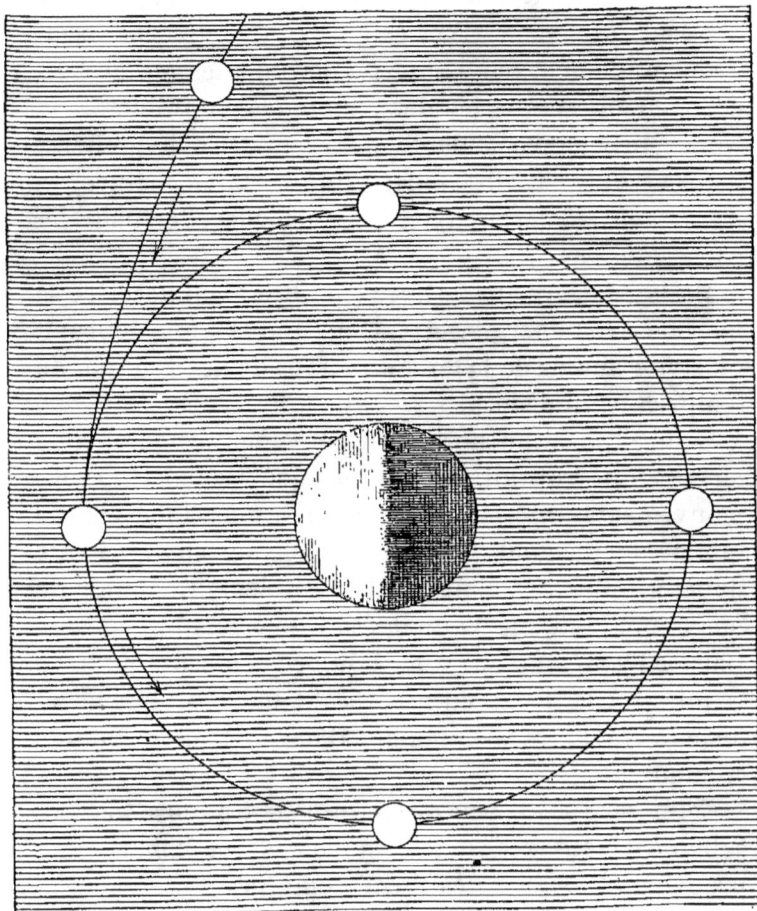

La Lune se rapprochant de la terre.

Si la rencontre se produit après, un cantonnier qui
serait à l'endroit de la rencontre pourrait bien dire qu'il

14

s'est produit quelque irrégularité dans le service, mais il lui serait impossible de dire si c'est le train omnibus qui a accéléré sa marche ou si c'est le train express qui a ralenti la sienne. C'est ce qui fait que nous ne prendrons nullement parti pour les astronomes qui ont successivement adopté les deux opinions contradictoires. Nous dirons, cependant, que les deux hypothèses peuvent s'être réalisées dans une certaine mesure, et nous nous garderons bien de nous quereller pour les causes du retard.

Halley déclara que le train omnibus avait accéléré sa marche avec énergie, et surtout que la Lune tournait plus vite autour de la terre du temps de Newton que du temps d'Archimède.

Cette explication ne surprit personne, à une époque où chacun trouvait fort simple que les courbes des mouvements célestes allassent en se modifiant constamment. Pendant plus d'un siècle on enseigna que notre satellite tournait de plus en plus vite autour de nous, on ajouta même qu'il s'en rapprochait de plus en plus, de sorte qu'un jour éloigné viendrait où il se réunirait à la Terre en produisant un choc qui ferait disparaître la race humaine, dans une épouvantable commotion.

Cette perspective peu rassurante était admise universellement sans résistance, et considérée comme une preuve de la réalité des théories de Newton.

On ajoutait alors que la matière répandue dans l'espace devait exercer sur notre satellite une résistance continue, diminuant progressivement la force vive de son mouvement et préparant petit à petit la catastrophe.

La Lune devait tomber sur la terre, comme la Terre
elle-même et toutes les planètes devaient retourner les
unes après les autres dans le Soleil d'où elles étaient déjà
sorties. Peut-être devait-il en surgir de nouvelles qui
s'élanceraient de son sein, projetées par une force immense, de sorte que les âges futurs verraient se dérou-
ler pour des mondes encore à naître des alternatives de
vie et de mort, de réchauffement et de refroidissement
expliquant les périodes glaciales et les périodes tropi-
cales?

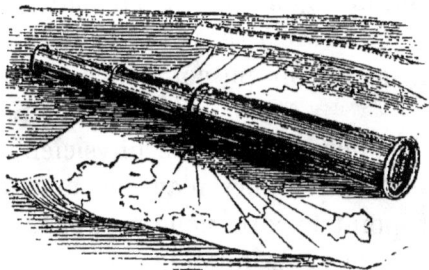

CHAPITRE XXI

MÉTÉOROLOGIE LUNAIRE.

Les anciens ne croyaient pas en général au feu central; cependant plusieurs auteurs semblent avoir reconnu que la Lune agit sur les tremblements de Terre, et l'avoir exprimé du reste d'une façon suffisamment éloquente par le mythe de Proserpine, qui fait de la Lune l'épouse du roi des enfers.

Cette opinion a été soutenue de notre temps par Alexis Perret, de Dijon, qui fut patronné par Arago, et qui occupa tout sa vie à recueillir des preuves à l'appui de sa thèse, sans avoir pu convaincre les savants académiques.

Mais, à l'époque où vivait ce physicien, les observations de ces catastrophes n'avaient aucune précision. On n'avait point encore pénétré au Japon où elles sont en quelque sorte quotidiennes.

Par suite des mêmes principes, les anciens faisaient de la Lune la principale cause des inexplicables vicissitudes du temps. Cette manière de voir était conforme aux idées mystiques qu'ils professaient sur l'équilibre général des forces de la nature. Puisque le Soleil apporte évidemment le principe d'ordre et de régularité dans les saisons, ne devait-on pas être conduit à l'idée que le rôle de la Lune était précisément d'y apporter le trouble et le désordre? Son action perturbatrice ne doit-elle pas surtout se manifester dans les régions atmosphériques voisines de la zone relativement lointaine, où elle parcourt sa route mystérieuse?

Galilée.

C'est dans la chaire d'astronomie de l'université de Padoue, que Galilée porta les premiers coups mortels à la doctrine absurde faisant des hommes les esclaves inconscients des astres. Ses successeurs se donnèrent la belle

mission de débarrasser l'esprit humain de chimères
aussi dangereuses dans les siècles passés que le spiritisme peut l'être dans le nôtre.

Le savant qui eut le courage de compléter ainsi l'œuvre
de l'illustre persécuté était un paisible écclésiastique
nommé Toaldo, avec lequel nous devons faire plus
ample connaissance.

Les observations de ce sage physicien, de cet homme
de bien, avaient surtout pour but de faciliter la nourriture du peuple, et de le soustraire aux crises alimen-
taires, en découvrant le secret des déplorables vicissitudes du temps. Ces recherches furent exécutées, dans
cette tour de la Faim, qu'un tyran infâme avait immor-
talisée par l'horrible supplice d'Ugolin. C'est ainsi qu'une
grande république réhabilitait ces pierres déshonorées
au moyen âge!

Né dans les premières années du xviie siècle, Toaldo
mourut en 1794 après plus de trente années d'actif pro-
fessorat qui lui valurent une célébrité fort oubliée de nos
jours, mais universelle de son vivant.

Non content de faire la propagande de ses idées par
la parole et par des ouvrages spéciaux dont quelques-
uns eurent l'avantage d'être traduits en français et
dans d'autres langues étrangères, il publia pendant près
de vingt années un journal météorologique, qui servit de
modèle à la publication de Lamarck et à celles qui furent
tentées depuis lors. C'est à lui que les savants commis-
saires de l'exposition Italienne ont fait remonter l'origine de la météorologie moderne ; une inscription lui
attribuant expressément cet honneur se lisait à l'entrée
du pavillon principal.

Sous le beau ciel d'Italie, près du tombeau de Virgile,

cette science occupera toujours des esprits éminents. Après les Secchi, les Denza et les Ragona, d'autres mains habiles viendront employer le thermomètre de Galilée à la solution des problèmes que posait déjà l'auteur des *Géorgiques*.

Le Paganisme laissa dans l'esprit des populations des croyances bizarres que le savant abbé Thiers a recueillies et combattues dans son *Traité des superstitions*. Elles consistent par exemple à observer le temps qu'il fera les douze premiers jours de l'année, pour savoir ce qu'il sera pendant chacun des douze mois; à examiner la manière dont se passeront les Rogations, à noter s'il pleut le jour de la Saint-Médard et le jour de la Saint-Protais ou de la Saint-Gervais. Le gouvernement français dans les premiers temps qui ont suivi le coup d'État a recueilli toutes ces opinions étranges et ouvert dans une publication spéciale de ministère de l'agriculture ce que l'on pourrait appeler, sans exagération, le grand livre des superstitions rurales.

Mais à côté de ces pratiques niaises et ridicules l'antiquité nous a transmis des règles reposant sur des bases dignes d'un examen plus sérieux.

Eudoxe, astronome célèbre, remarqua que par suite de la correction bissextile la position des levers et des couchers du Soleil n'est pas tout à fait la même d'une année à l'autre. L'équilibre ne se rétablissant que tous les quatre années, Eudoxe en a conclu que tous les quatre ans les vents et les tempêtes se reproduisent dans le même laps de temps et que l'observation soigneuse d'une seule série de quatre années doit suffire pour la prédiction de ce qui se passera dans les séries futures.

Le système de Toaldo est basé sur une méthode ana-

logue, mais au lieu d'une méthode réglée uniquement sur
la marche du soleil il en choisit une dans laquelle il tient
compte à la fois de la position de nos deux grands luminaires.

Les deux principales périodes de la Lune sont celles
de 19 années qui ramène des lunaisons aux mêmes
jours du mois, et celle de 18 ans et quelques jours qui
reproduit les mêmes éclipses.

Bien des fois les astrologues ont essayé de tirer parti
de celle-ci pour deviner l'avenir. Ainsi Cardan enseigne
que tous les événements de la vie d'un peuple se reproduisent au bout d'une période de 18 années, soit par
voie d'analogie, soit par celle d'antilogie. Les amateurs
de ces applications des superstitions antiques à l'histoire moderne pourront trouver dans nos annales des
exemples plus saillants encore que ceux dont se con-
tentait le médecin milanais. Ainsi la révolution de 1830
fut suivie 18 années plus tard par celle de 1848, qui détruisit ce que 1830 avait édifié. L'œuvre de 1852 s'écroule
en 1870, 18 années plus tard, dans des conditions aussi
déplorables que les premières avaient paru prospères.

Ce n'est pas de la période astrologique que Toaldo se
préoccupe, mais de celle de 19 années ou nombre d'or,
à laquelle il attribue le pouvoir de déterminer le retour
d'une nouvelle édition des mêmes événements météorologiques. Il a supposé que la Lune et le Soleil revenant
à la même place, les marées atmosphériques devaient
se reproduire, et qu'on devait éprouver les mêmes
pluies, les mêmes vents, les mêmes tempêtes que dix-
neuf années auparavant. Aussi les saisons de 1885 doivent reproduire à peu près celles de 1866, et elles seront
reproduites en 2004.

Bouvard, ayant fait une longue série d'observations barométriques à Paris, Laplace en a tiré des conclusions défavorables à l'action de la Lune sur l'atmosphère. Il

Laplace.

ne veut pas que notre satellite ait produit le surcroît de pression qu'on observe dans les nouvelles et dans les pleines lunes. Comme la différence n'est que d'un demi centième de millimètre de mercure, cet astronome l'attribue au hasard.

Mais il n'en est pas de même de la variation diurne qui atteint presque un millimètre dans le dernier trimestre de l'année solaire, et qui tombe à moitié de cette valeur pendant le trimestre suivant.

Toutefois, il ne croit pas qu'une si légère différence soit de nature à produire un effet quelconque sur le beau ou le vilain temps, et Arago adoptant sa manière de voir traite assez mal les partisans de l'action de la Lune, tels que Lamarck. Leverrier adopta la même manière de voir, pour combattre les théories de Mathieu de la Drôme.

Cependant, il résulte de la discussion à laquelle Arago s'est borné que la quantité d'eau pluviale est plus grande pendant la croissance de la Lune que pendant le décours, et lorsque la Lune est voisine de son périgée que lorsqu'elle se trouve à l'autre bout de son orbe.

Ne doit-on pas en conclure que ces nombres indiquent l'existence d'une action qui ne paraît faible que parce qu'on ne l'étudie pas dans les conditions où elle est prédominante ?

Ne peut-on pas soutenir que quoique nombreuses, et l'on peut dire même innombrables, les observations météorologiques sont défectueuses, parce qu'on les fait au fond de l'océan aérien, et qu'on n'en tirera des résultats utiles que lorsqu'on aura discuté de longues séries de mesures prises au sommet des observatoires de haute région, récemment installés par le gouvernement, que lorsqu'on les aura complétées et corroborées avec des mesures prises à bord de ballons pourvus d'un propulseur, comme on sait maintenant le faire ?

Quoi qu'il en soit, les partisans du cycle Toaldien n'ont pas perdu courage.

M. Gauckler a publié avec beaucoup de soin un système de prévision dans lequel il tient compte de la position géographique de la Lune, lorsque se produisent les points lunaires.

M. du Hauvel, secrétaire général de la Société de navigation aérienne, a cherché à combiner une période mixte qui se compose de celle de 18 ans et de celle de 19, et qui s'étend par conséquent sur une étendue de 332 années solaires; mais les documents météorologiques font presque complètement défaut pour se rendre compte de ce qui s'est passé pendant une si longue série d'étés et d'hivers. Il est en outre évident que les marées atmosphériques ne peuvent se produire sans donner naissance à des perturbations analogues à celles qui troublent même le calcul de la hauteur et de l'heure des marées océaniques. Les plus enthousiastes admirateurs de Toaldo ne sauraient se refuser à reconnaître l'existence des bises de terre et de mer qui soufflent régulièrement le long des côtes, celle des brises de montagnes qui s'élèvent avec non moins de précision dans l'intérieur des continents, et sur la production desquelles la Lune n'a aucune prise.

Ils se demanderont même si la chute de gros bolides, comme ceux de l'Aigle et d'Orgueil, si des explosions volcaniques, comme celles du Krakatoa ou d'Ischia, sont sans influence sur les événements météorologiques des régions voisines, si mille catastrophes de toute nature ne viennent pas compliquer les effets dus à l'action de la Lune et les rendre méconnaissables.

Enfin, dans ce siècle où l'électricité joue un si grand

rôle, on ne peut se dispenser d'examiner ce qu'il y a de vrai dans l'opinion qui attribue à la Lune des effets électriques intenses, de sorte que l'augmentation ou la diminution de la pluie, la production ou la cessation de certains vents ne seraient que des effets réflexes dus aux pouvoirs spécifiques de l'astre que l'on doit considérer comme étant le Soleil électrique de la Terre.

CHAPITRE XXII

Il y a un autre genre de prévision du temps auquel les anciens attribuaient une très grande importance, comme on le voit par la lecture des *Géorgiques* de Virgile, des œuvres de Varron, de Columelle et même du vieux Caton, et qui n'a peut-être pas dit son dernier mot, quoique les modernes l'aient dédaignée, oubliée, depuis l'invention de la météorologie télégraphique. Nous voulons parler des signes naturels du temps futur, que les augures et les aruspices cherchaient à lire jusque dans le vol des oiseaux du ciel.

Nous devons nous borner à indiquer parmi ces symptômes fort multipliés, et dont quelques-uns ont une importance incontestable, ceux dans lesquels on fait intervenir la Lune d'une façon quelconque.

Le lever du Soleil, lorsque l'astre n'est caché par aucun nuage, et qu'il l'exécute dans un ciel serein, est un signe de beau temps pour le jour qui commence. Lorsque la Lune est pleine, Théophraste lui accorde la puissance de donner les mêmes présages.

Il attache une égale importance au croissant de la Lune le troisième jour, et il prétend que c'est alors que son action domine. En effet, à cette époque, la lumière qu'il nous envoie est particulièrement brillante. Par une cause que nous ignorons, il jette parfois des rayons d'une vivacité et d'une pureté singulière, auxquels nous ne sommes point étonnés qu'un naturaliste grec ait attaché d'heureux présages.

Une manière de raisonner très répandue, même chez des auteurs fort sérieux, est de supposer que la Lune possède à un moindre degré toutes les propriétés que l'on a constatées sur le Soleil. Théophraste n'a aucun doute que ce mode de généralisation ne soit parfaitement légitime.

Ce philosophe fait remarquer que le Soleil détermine sur la terre quatre saisons bien définies, et l'on peut dire quatre changements de temps faciles à discerner, malgré les irrégularités que l'on constate d'une année à l'autre. Il en tire la conclusion, par voie d'analogie, que la Lune détermine chaque mois quatre saisons d'une semaine ; il ajoute que chaque lunaison a quatre jours critiques, le quatrième, le huitième après la nouvelle Lune, et le huitième et le quatrième avant la lunaison suivante.

Théophraste croit que la Lune agit sur les vents de la même manière que le Soleil, et d'une façon plus active, car les tempêtes de nuit sont souvent plus terribles et plus redoutables que celles de jour. Il pense que notre satellite calme les vents lorsqu'il monte au sommet de son arc diurne, mais qu'il les excite lorsqu'il s'approche de l'horizon ; et qu'enfin lorsqu'il disparaît, il supprime les agitations qui n'ont d'autres causes que sa présence.

Quel est le genre d'actions qui produisent cet effet, c'est ce que Théophraste ne cherche point à expliquer, mais il se croit à même d'affirmer la réalité des règles empiriques qu'il développe avec une véritable complaisance.

Il s'occupe ensuite des renseignements que peut donner l'inspection du ciel. Quand la Lune est cachée par des nuages noirs il y voit un signe de pluie. En effet, c'est une preuve que l'air est traversé par des nuées denses, qui ne parviennent qu'à se résoudre en eau, à certaines époques de sa course, au premier quartier, à la pleine Lune ou à la nouvelle Lune.

La réputation de Théophraste a fait oublier chez les modernes le poème d'Aratus, auteur illustre dans l'antiquité, né à Pompéiopolis en Cilice, 270 ans avant l'ère chrétienne, et qui composa ses ouvrages à la cour d'Antigone Gonotas, roi de Macédoine. Dans ce traité, qui fut commenté par Hipparque et traduit par Germanicus, le rôle prophétique de la Lune est examiné d'une façon minutieuse.

Voici dans quels termes s'exprime le poète sur la nature des présages qu'elle fournit :

Un croissant clair et net montre un temps magnifique ;
Mais de rouge teinté, de grands vents nous indique.
S'il est mal défini, dans les brouillards perdu,
Un déluge doit être, à coup sûr attendu,
A moins qu'un vent du sud pourtant ne se prépare.
On aperçoit parfois un spectacle plus rare
Par un trait vertical, si les bouts du croissant
Sont l'un et l'autre joints, au prochain jour naissant,
D'ouest soufflera le vent; mais si le soir ramène
La ligne verticale, au sud il se déchaîne.
Lorsque son arc cornu regarde vers le bas,
Du fond du nord glacé, Boré court à grand pas.
Si la pointe jaunâtre vers le zénith se tourne
Pendant longtemps Auster sur nos têtes séjourne.
Si trois fois en trois nuits de rouge elle se teint,
Un prochain ouragan sur son orbe se peint,
Plus il y voit briller une teinte éclatante,
Plus le nocher doit fuir sa fureur effrayante.

La plupart de ces règles ne valent guère mieux que
les fantaisies de madame de Sévigné qui croit que l'on a
peu de chance lorsque l'on voit la Lune à gauche.
Quelques-unes ne supportent même pas l'examen le
plus sommaire du moins dans nos climats.

La ligne des pointes ne peut être verticale que si le
Soleil se trouvait au-dessus de l'horizon à la même hauteur que le centre de la Lune. Au moins dans nos climats, l'air est trop chargé de vapeurs pour qu'on
l'aperçoive dans de pareilles circonstances.

Il serait injuste de ne pas faire une immense différence
entre certaines croyances qui paraissent plus ou moins
hasardées, qui ne peuvent reposer sur aucune considération sérieuse, et celles qui sont franchement superstitieuses, comme au Cap, où les sorciers prétendent avoir
la puissance de faire les vents, et dans l'ancienne Grèce,
où Calchas sacrifiait Iphigénie pour obtenir qu'Éole
envoyât la brise que désiraient les Grecs avec tant d'ardeur.

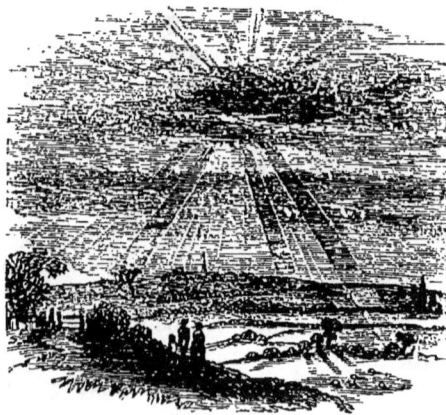

CHAPITRE XXIII

AGRONOMIE LUNAIRE.

La science astrologique et hermétique expliquait les mêmes phénomènes d'une façon plus poétique en disant que la Lune est de nature humide, et qu'elle attire à elle tous les éléments vaporeux ou aqueux qui se trouvent répandus dans l'atmosphère, ou qui existent même à la surface de la Terre.

C'est de cette propriété, admise par tous les auteurs anciens, que Cyrano de Bergerac a fait l'usage que nous connaissons pour expliquer comment la Lune l'attirait encore quand sa machine l'avait abandonné.

On prétendait aussi que la Lune exerçait son empire sur les parties molles des mollusques, et l'on avait remarqué que les homards, les écrevisses et généralement tous les crustacés paraissent moins remplis de chair après la nouvelle Lune qu'après la syzygie.

On peut donner de ce phénomène une explication toute naturelle que nous trouvons encore rapportée par Arago, qui évite cependant de se prononcer sur la réalité du phénomène.

Comme ces animaux sont carnassiers et nocturnes, on comprend qu'ils aient besoin de la lumière de notre satellite pour saisir leurs proies, et que par conséquent ils sont très maigres lorsqu'on les capture dans le voisinage de la nouvelle Lune. On a tort de les chasser

15

à l'époque où ils sont affaiblis par un jeûne toujours plus ou moins rigoureux. La pleine Lune est incontestablement l'époque de leurs festins, et le gourmet qui les fait figurer sur sa table à cette époque n'est pas le dernier à le sentir.

Arago examine ensuite la question de savoir s'il vaut mieux faire couper les arbres pendant qu'on est dans le décours de la Lune que pendant le reste du mois.

Duhamel du Monceau, un des membres les plus sympathiques et les plus laborieux de l'ancienne Académie des sciences, a fait quelques expériences à ce sujet ; elles ne paraissent pas concluantes et mériteraient peut-être d'être recommencées dans d'autres climats, et avec d'autres essences.

Ces effets s'expliqueraient fort bien si l'on admet que la Lune agit sur l'état électrique des arbres soumis à l'expérience, car l'on sait que les liquides électrisés augmentent de fluidité, et par conséquent dans ce cas la Lune pourrait accélérer le cours de la sève.

On pourrait donner la même raison des aphorismes d'un grand nombre de jardiniers et d'agriculteurs qui conseillent de semer et planter pendant la Lune croissante quand on veut obtenir des végétaux qui poussent avec vigueur, et pendant le décours de la Lune quand on veut des produits précoces et abondants.

Il faudrait rapporter aux mêmes causes physiques le conseil de Pline de moissonner pendant la pleine Lune, pour avoir de gros grains qui atteignent un prix avantageux au marché, et y trouver un nouveau motif pour encourager les agriculteurs d'Écosse à persister dans leur fidélité à observer la Lune de la moisson.

Peut-être devrait-on ranger dans la même classe les

opinions bizarres des gens qui choisissent une époque fixe de la Lune pour se faire couper les cheveux, se tailler la barbe, ou se rogner les ongles.

En effet, on sait que l'électrisation agit sur les vaisseaux capillaires du corps humain, comme sur les tubes contenant la sève des plantes.

Nous nous trouvons donc de proche en proche, et par une sorte de pente invincible, amenés à nous préoccuper de l'ancienne médecine spalânchique et astrologique, qui est si complètement tombée en désuétude que son nom ne figure plus que dans les catalogues.

Qui n'a cependant été frappé de la régularité avec laquelle reviennent certaines fièvres, du retour des crises de folie ou d'épilepsie? Qui n'a entendu parler de l'extrême importance que pendant tant de siècles les anciens ont attribuée au cours de la Lune?

Sans renouveler des superstitions dont la science a fait justice, et sans porter préjudice au libre arbitre, ne peut-on s'efforcer de déterminer quels peuvent être les rapports de l'être humain avec un corps qu'on a si longtemps considéré comme réglant les fonctions intellectuelles?

Pour ne pas sortir du cadre de ce volume et du but de ce chapitre, nous nous bornerons à énumérer un certain nombre de questions qu'Arago ne croit pas au-dessous de sa dignité d'examiner, quoiqu'elles soient manifestement moins sérieuses que beaucoup d'autres qu'on écarte sans examen.

« Le vin qui se fait entre deux Lunes n'est jamais de bonne qualité et ne se clarifie par le dépôt qu'avec une extrême difficulté.

« Le vin ne doit être transvasé, soit en janvier soit

en mars, que pendant le décours de la Lune sous peine
de se troubler facilement.

« Faites cuire du raisiné pendant la nuit, si la Lune
est en conjonction, et pendant le jour si elle est pleine.

« Mettez les œufs à couver lorsque la Lune est nouvelle. »

Évidemment, ces questions n'ont point d'importance
en elles-mêmes, et la physique n'a presque rien à gagner
directement en descendant à de semblables détails.
Mais l'esprit d'investigation scientifique peut légitime-
ment s'appliquer à toutes ces études, car il peut suffire
d'une propriété secondaire bien établie pour jeter une
vive lumière sur le rôle que joue la Lune dans l'économie générale de la nature.

CHAPITRE XXIV

LA LUNE ET LA THÉORIE DE DARWIN.

A la fin du XVIIe siècle, un ouvrier mécanicien essaya de recommencer l'expérience de Dédale, du haut de la terrasse de Saint-Germain. Loin de se diriger dans les airs, le nouvel Icare ne parvint même pas à modérer sa chute, et il se cassa les jambes.

Cependant, cette expérience manquée eut le privilège d'exciter l'enthousiasme de Fontenelle, à qui elle ouvrit des horizons immenses, et qui en parle de la façon la plus honorable dans sa *Pluralité des mondes*.

Il est probable que le spirituel secrétaire perpétuel de l'Académie des sciences, qui a écrit ces lignes admirables, aurait été un partisan enthousiaste de l'invention des Montgolfiers, et que s'il avait eu trop de bon sens pour chercher à se servir des aérostats pour la conquête du ciel, il les aurait au moins employés à l'exploration des mystères de la voûte étoilée, et par conséquent à l'observation de la Lune, l'objet le plus voisin de notre terre.

Quoique ces mobiles aériens tournent rapidement sur eux-mêmes, et que par conséquent on n'ait pu les employer comme de véritables observatoires volants, leur influence pourrait être beaucoup plus grande qu'on ne le suppose généralement dans l'état d'imperfection où ils se trouvent.

En effet, en étudiant les différences d'aspect que présentent les objets connus au-dessus desquels il passe lorsqu'il voyage dans la nacelle d'un aérostat, l'astronome apprendrait infailliblement à interpréter les formes bizarres des objets inconnus qui couvrent la surface de la Lune et qu'il aperçoit dans une situation tout à fait identique. Le savant qui explore notre satellite est assujetti aux mêmes illusions d'optique que l'aéronaute qui regarde la Terre, car le globe qui nous porte joue le rôle d'une nacelle où nous sommes embarqués dans le but d'exécuter une véritable exploration scientifique.

Le jour n'est peut-être pas éloigné où cette étude optique de la terre vue à vol d'oiseau sera considérée comme une initiation nécessaire à cette investigation intéressante à tant d'égards. Car le nombre des amateurs qui s'attachent à suivre l'évolution de la Lune grandit de jour en jour. Endymion a des successeurs plus nombreux qu'on ne le pense dans notre siècle occupé et prosaïque.

En attendant cette époque, peut-être moins lointaine qu'on ne le suppose, on peut dire qu'on a appliqué à l'étude de notre satellite non-seulement tous les procédés employés pour l'étude de la Terre, mais encore les conceptions les plus audacieuses.

Le fils de Darwin a aussi fait de la Lune la principale de ses préoccupations scientifiques, et pris ce que l'on pourrait appeler la suite des théories de Delaunay en examinant les conséquences possibles du ralentissement que cet astronome a signalé, comme nous l'avons raconté, dans la durée du jour sidéral.

Ce retard paraît bien peu de chose puisqu'il est à

peine d'une heure depuis les anciennes éclipses dont
nos lecteurs connaissent maintenant l'histoire. Mais
M. Delaunay a publié des équations pour établir que sa
valeur croît comme le carré du temps écoulé depuis

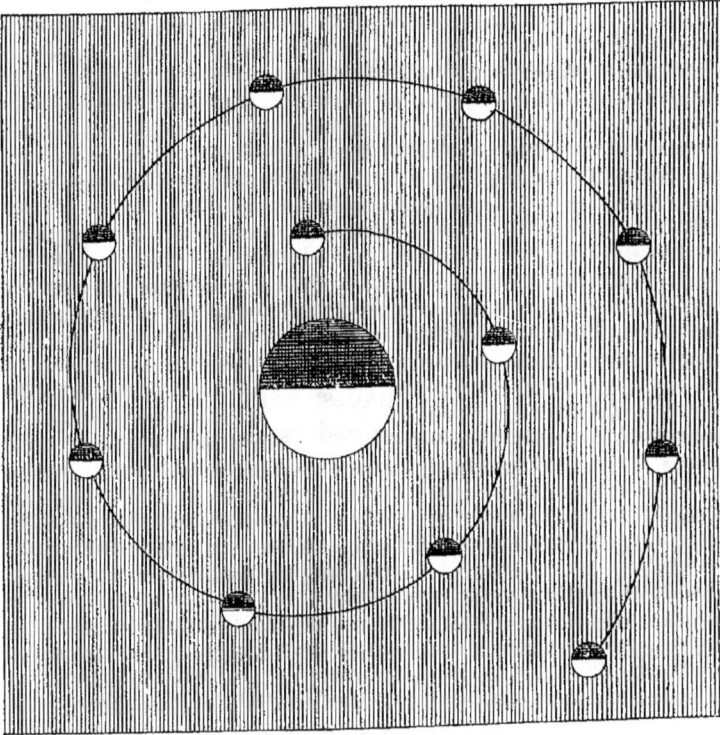

La lune s'écartant progressivement de la terre.

ces vieilles observations. Admettant ces démonstrations
comme valables, M. Darwin en a tiré la conclusion
qu'il viendra un moment où le jour de la terre aura une
durée 70 fois plus grande que du temps où nous vivons.
En même temps, le mois lunaire grandira, de son côté,

de sorte qu'à cette époque lointaine il sera précisément égal au jour sidéral.

Quel profond changement dans la nature des animaux et des végétaux! Que seront devenus nos descendants? seront-ils plus fous ou plus sages? La loi de sélection leur aura-t-elle fait pousser la queue de Fourier, le sens électrique révélé par William Thomson se sera-t-il développé? Est-ce que nos filles et nos fils ressembleront à des gymnotes ou à des torpilles? Auront-ils les ailes de l'aigle et du vautour? Nous laissons le champ libre aux discussions.

En présence d'aussi grandes conséquences d'un phénomène si mince, on aurait tort de traiter le fils de l'auteur de la loi de sélection comme un esprit vulgaire, de lui demander s'il se fait une idée bien exacte de la valeur moyenne de l'exhaussement des eaux, s'il ne commet pas une illusion en se laissant influencer par ce qu'il voit sur nos côtes, si par suite des différences qui existent dans l'établissement des ports, cette onde de haute mer ne se confond point avec la masse des effets qui sont contrebalancés par une multitude d'autres du même degré d'insignifiance, s'il est bien certain que les actions électriques ne sont pas cause des phénomènes qu'il attribue à la gravitation lunaire, etc., etc.

Ne l'oublions pas, nous nageons ici en pleine hypothèse. N'allons pas renverser ce beau château d'équation, reposant sur la pointe d'une aiguille. Pourquoi les algébristes n'auraient-ils pas le droit de nous mener aussi loin que les Brahmines? Au lieu de déterminer la succession des âges de Boudha, n'est-ce point un passe-temps plus agréable que de jongler avec les milliards de siècles. Les zéros placés à la droite des chiffres signifi-

catifs n'ont jamais coûté grand'chose aux faiseurs de
systèmes, surtout depuis qu'ils ont à leur disposition
des années de lumière pour évaluer la distance des nébuleuses.

D'autres astronomes plus hardis que M. Darwin com-
pléteront son œuvre et montreront que l'évolution de

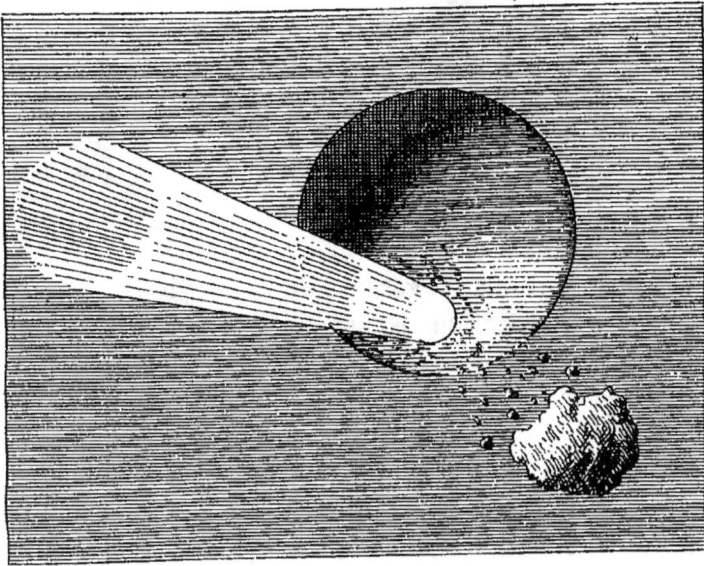

Une comète frappe la Terre et en détache la Lune.

la Terre ne s'arrêtera point là. Le ralentissement ira
jusqu'au moment où le jour aura précisément la durée
de l'année solaire. Alors, tournant toujours vers l'astre
le même hémisphère, la terre deviendra réellement une
lune du soleil. Il vivra à la surface de notre globe des
animaux qui ne connaîtront pas la lumière, tandis que
d'autres ignoreront les ténèbres. Nous laisserons à ces

savants ingénieux le soin de développer toutes ces brillantes découvertes, car nous avons à résumer rapidement d'autres révélations pour le moins aussi précieuses, dues à M. Darwin.

Non-seulement ses équations lui ont permis de pénétrer dans les ténèbres de l'avenir, mais par de simples changements de signes, admirez la puissance de l'analyse, elles serviront aussi à remonter au delà des annales des Chinois, des Égyptiens et des Indiens, à l'époque découverte par Laplace où notre globe n'était qu'une sphère encroûtée, fort jeune encore, modestement composée d'une couche peu épaisse renfermant une masse de laves incandescentes, ou de gaz portés à une température effrayante.

A cette période dangereuse de notre vie planétaire, fâcheuse complication révélée par les immenses calculs de M. Darwin, notre terre tournait sur elle-même avec une vitesse vertigineuse, de sorte que toute cette matière explosible ne demandait qu'à se répandre au dehors en cédant aux sollicitations de la force centrifuge.

Il a suffi d'une conjonction compromettante de deux, trois ou quatre globes, pour que cette voûte mal fermée ait cédé sous leurs appels combinés et que devant les autres planètes stupéfiées la Terre ait mis la Lune au monde.

Il y a des astronomes plus hardis encore, qui ont essayé de compléter l'hypothèse de Laplace en généralisant cette conception singulière.

Ces esprits véritablement téméraires prétendent que c'est ainsi que les diverses terres du ciel sont sorties les unes des autres. Elles auront été successivement projetées par les planètes mères, comme celles-ci, bien des milliers de siècles auparavant, ont été lancées par le soleil.

Notre esprit prosaïque est si mal bâti, que malgré les équations dont elles sont étagées ces équations nous paraissent moins séduisantes que la vieille théorie de Buffon. Il est beaucoup plus simple en effet de supposer qu'elles ont été rabotées par des comètes qui ont fait jaillir comme un torrent de feu du sein du foyer solaire, de sorte qu'une comète écervelée, un bolide déraillant, venant à heurter en plein contre notre terre encore jeune, en a coupé un morceau dont elle a fait la Lune.

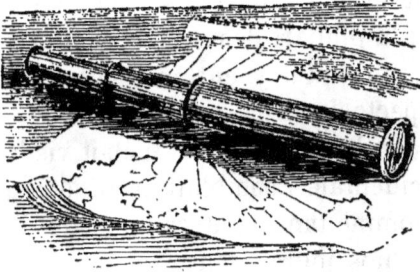

CHAPITRE XXV

LES TROUS A LA LUNE.

Depuis quelques années le gouvernement a pris l'excellente habitude d'envoyer des astronomes du plus haut mérite dans les régions terrestres où doivent se produire des phénomènes intéressants; c'est ainsi que M. Janssen a successivement parcouru les diverses régions de l'Inde, de l'Afrique, et dernièrement de l'Océanie, où il a recueilli des observations capitales.

Au siècle dernier les gouvernements ne pensaient pas qu'il fût utile de faire les frais d'expéditions de cette nature; la plupart des grandes éclipses se produisaient donc sans qu'il y eût un seul astronome pour décrire un spectacle aussi instructif.

L'éclipse totale de 1778, qui n'était visible que dans les Indes occidentales, semblait devoir être perdue pour la science, comme tant d'autres l'ont été depuis l'antiquité jusqu'à nos jours. Heureusement des vents contraires régnèrent dans les parages où le Soleil devait perdre sa lumière; ils y retinrent le vaisseau l'*Espagne*, monté par don Antonio Ulloa.

L'amiral Antonio Ulloa était sans contredit un des meilleurs marins du siècle dernier. Il fut attaché dans sa jeunesse à la mission de Bouguer et La Condamine, deux éminents astronomes français envoyés en Amérique équatoriale pour mesurer un degré de méridien, et s'assurer si la terre est aplatie aux pôles ou à l'équateur.

C'était un homme ingénieux et savant, qui laissa un traité de navigation fort estimé, mais qui était susceptible des distractions les plus grandes.

Pendant la guerre d'Amérique il fut envoyé aux Açores pour capturer des navires de la compagnie des Indes qui retournaient en Angleterre; mais il revint à Cadix sans avoir rencontré l'ennemi, parce que, l'esprit préoccupé d'observations célestes, il avait oublié de décacheter les instructions que l'amirauté espagnole lui avait donné l'ordre d'ouvrir en mer.

Il y avait déjà bien longtemps que l'amiral désirait être témoin d'une éclipse totale, et il ne put s'empêcher de croire que c'était à l'intervention de son patron, qu'il devait d'être ainsi arrêté par des vents contraires dans la zone étroite où l'obscurité est complète.

Il donna donc l'ordre de faire à bord du vaisseau *l'Espagne* ce que l'on pourrait appeler un véritable branle-bas scientifique. Il rangea en bataille sur le pont toute la formidable artillerie de lunettes dont son navire était armé, car plutôt que de les laisser à terre, il aurait préféré ne point embarquer ses caronades.

La mer était aussi unie qu'un miroir et l'on eût dit que la nature était frappée de stupeur, lorsque l'ombre de la Lune commença à envahir la surface des flots. Bientôt on vit apparaître autour du disque noir de notre satellite la lueur pâle que l'on nomme l'auréole, rayons de lumière que l'on expliquait alors par l'effet des aspérités du bord de la Lune, mais il n'y avait aucune de ces protubérances colorées que l'on attribuait alors à l'éclairement de nuages flottant dans la haute atmosphère.

Comme l'on n'avait encore inventé ni le spectroscope, ni la photographie céleste, le rôle des observateurs d'éclipse était beaucoup moins compliqué que de nos jours ; après avoir pris les mesures angulaires et les heures du dernier contact, don Antonio et ses officiers admirèrent pendant quelques instants une scène d'une beauté indicible, et qui disposait leur esprit aux conceptions les plus bizarres.

Lorsqu'ils remirent l'œil à la lunette, pour se disposer à observer le point où la lumière allait renaître, ils ne purent retenir une exclamation de surprise. Le soleil était encore complètement caché, mais à quelque distance du bord occidental de la lune, on voyait un rayon qui semblait sortir du disque comme s'il passait par un trou pratiqué à la vrille, et ce rayon égaré jetait autant de lumière que l'eût fait une étoile de quatrième grandeur !

L'enthousiasme de don Antonio fut si grand qu'il proposa de donner au trou même qui laissait passer cette gerbe le nom de *caverne lumineuse du vaisseau l'Espagne*, afin d'éterniser le souvenir du bâtiment qui a permis de faire une découverte si merveilleuse.

Beccaria, illustre physicien italien à qui l'on doit des découvertes dénotant une très grande perpicacité naturelle, a soutenu vivement Ulloa que l'on tourna en ridicule et déclaré que dans l'éclipse totale de 1772 il avait vu une apparence identique.

Le ciel se montra, nous apprend-il, d'une pureté exceptionnelle bien rare lors des éclipses, qui presque toujours sont accompagnées de nuages épais dans les

régions supérieures, à la suite du refroidissement
rapide qui s'y produit; il ajoute que l'observation de
1778 avait été faite également par son neveu et par
sa nièce qui lui avaient raconté ce qu'ils avaient vu
d'extraordinaire avant d'avoir pu connaître le récit de
l'amiral espagnol.

Cette observation a du reste été repétée dans une
éclipse célèbre, celle de 1842, par M. Valtz, directeur de
l'observatoire de Marseille, qui se trouvait alors en station à Barcelone.

Ulloa a essayé de calculer les dimensions de ce trou,
et il est arrivé à dire qu'il devait avoir une profondeur
de 50 à 60 kilomètres et un diamètre égal à celui qu'occupe la ville de Paris à la surface de la Terre.

Il pouvait être considéré comme étant un de ces conduits étranges que l'archange Cosmiel avait révélés à
Kircher, à moins qu'on ne préfère y voir l'ouverture
de la caverne du bon Astolfe.

Cependant cette explication ne parut pas suffisante à
M. Valtz qui en adopta une autre plus originale.

Il supposa que ce point lumineux était produit par un
rayon de lumière éclairant le fond d'un cirque de la
Lune dans lequel il serait entré par une sorte de couloir
formé par une vallée couverte. Un calcul simple démon-
tra que la longueur de cette espèce d'allée fermée par le
surplomb des rochers la garnissant à droite et à gauche
aurait dû être de 600 kilomètres et la hauteur des parois
verticales de 30 kilomètres.

Le même calcul appliqué à des observations faites
par Louville, membre de l'ancienne Académie des sciences, qui a vu un point lumineux dans une autre éclipse
du xviiie siècle, donne des résultats analogues.

Ces dimensions n'ont point arrêté Valtz à cause de la nature éminemment volcanique de la Lune à laquelle les astronomes les plus distingués ont attribué les effets extraordinaires que nous avons énumérés plus

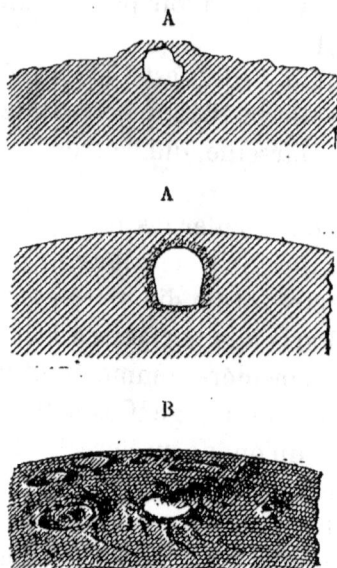

AA, coupes différentes d'un couloir par lequel s'insinue la lumière du soleil. — B, Cirque auquel aboutit ce couloir et qui se trouve éclairé.

haut, mais qu'il n'est pas nécessaire d'invoquer d'une façon si bizarre.

Beccaria a tiré de ces phénomènes surprenants, extraordinaires, une conclusion beaucoup plus simple. Il a supposé que ce qu'Ulloa avait pris pour un trou était tout simplement un volcan lunaire en ignition. Il en serait de même de la lumière de Louville et du vallon de Valtz.

Schrötter a montré, à l'aide d'une remarque de Lichtemberg, que si le Vésuve était dans la Lune, il n'y a pas une de ses grandes éruptions qui ne fût de nature à être aperçue par les astronomes de la Terre. Il ajoute même qu'il a vu distinctement des lueurs au sommet du cratère Platon, et qu'il a constaté dans les cratères de Cléomède, de Grimaldi et dans une portion de la mer des Crises des changements qui ne peuvent avoir qu'une origine volcanique récente.

Ces observations seraient sans doute bien plus nombreuses si on ne négligeait jamais d'exécuter des ascensions aérostatiques pendant les éclipses totales de Lune, et sans réplique si elles se produisaient dans les régions centrales du disque.

Mais il y a un grand nombre d'astronomes qui veulent que la Lune soit un astre mort, un véritable cadavre que la Terre traîne après elle dans les espaces, et qui par conséquent n'entendent pas qu'il y ait là haut des Krakatoas et des Vésuves, aux colères desquels les enfants de la Terre puissent assister sans danger.

Ces objections sont résumées admirablement dans le poème de Boscovitz sur les Éclipses. Voici la traduction d'un très remarquable passage du savant et éloquent astronome.

« Lorsque la déesse brille sous un ciel pur et serein, elle efface les astres de la nuit et chasse les ténèbres. Ne voyez-vous pas son bord arrondi et lumineux terminé par des contours admirablement décidés. Ne vous apercevez-vous point avec quelle rapidité votre œil passe soudainement à l'obscurité d'un ciel ténébreux?

« Si elle était environnée d'un fluide qui comme notre air terrestre va en se raréfiant, ses bords se termine-

raient par des limites confuses et indécises, leur lumière
pâlirait peu à peu et ne s'évanouirait que par gradation
insensible; s'il en était ainsi, lorsque son globe obscur
passe au-dessous des étoiles fixes, de l'œil du Taureau,
du front de la Vierge, du cœur du Lion, elle devrait
faire tremblotter et pâlir leurs rayons, jusqu'à ce qu'ils
soient complètement cachés par son ombre. Mais les
choses se présentent tout autrement, lors même que ces
points brillants sont très voisins du limbe obscur qui
va les recouvrir, l'éclat de leurs feux n'est point altéré.

« Il en est de même des astres qui n'ont aucune demeure constante, et qui, comme Mars, Jupiter, Vénus,
vont se réfugier derrière. la Lune. Ils devraient nous
paraître agités par un mouvement incertain, et ne s'en-
foncer d'abord que dans une ombre tout à fait indécise,
cependant l'éclat des feux de l'astre persévère, l'approche de Phœbé ne l'émeut en rien.

« Lorsque notre satellite montre une partie de son
disque, la limite de la partie visible ne tient pas l'œil en
suspens par un jour douteux. Ce n'est nullement par
gradation que les ténèbres et la lumière s'unissent. Une
ombre excessivement épaisse s'adosse à un jour merveilleusement pur; aucune nuance intermédiaire ne
vient affaiblir leur contact.

« Si la Lune était placée au milieu d'une atmosphère
semblable à la nôtre, la nuit et le jour seraient comme
chez nous séparés par des lueurs crépusculaires. La
lumière du soleil fléchie, courbée, ramenée sur ses pas,
arriverait encore dans des lieux où la direction en
ligne droite ne pourrait la porter. Il y aurait une nuit
atténuée le soir par un long crépuscule, et le matin
par une très longue aurore.

« En outre, nous verrions apparaître sur les campagnes voisines de la terre un blanc manteau de neiges.
Quel sentiment ne nous inspireraient point, vus d'une
telle station, les spectacles merveilleux qui nous plongent d'admiration sur la terre ! Quel ne serait pas notre
enthousiasme si nous en avions une autre édition dans
le firmament ! Mais nous ne sommes point destinés à
éprouver cette joie, la Lune ne nous donne que le
spectacle de la mort. »

CHAPITRE XXVI

L'AIR DE LA LUNE.

Schrötter était le maire et le juge de paix de Liliental, petit village dépendant de la ville libre de Brême. Grâce à son économie et à sa persévérance, il réussit à construire un télescope de 25 pieds de longueur, à l'aide duquel il rédigea un magnifique ouvrage intitulé *Sélénotopographie* et qui n'est autre qu'une description minutieuse de tous les cantons de la Lune. Le grand Bessel fut un de ses élèves. Lichtemberg, l'ingénieux physicien qui découvrit les étranges figures électriques auxquelles il donna son nom, partagea une partie de ses travaux.

Gruithuisen, qui mourut à Munich en 1852, fut pendant plus de trente ans professeur d'astronomie à l'université de Munich. Il avait débuté dans la vie comme chirurgien de l'armée autrichienne et publia un grand nombre de travaux sur l'*histoire naturelle de la Lune*, titre expressif indiquant la tournure primesautière de son esprit, et appelant l'indulgence sur les erreurs dans lesquelles le Pline des cieux peut s'être laissé entraîner par son imagination toujours féconde. Ces vaillants esprits ont, de l'autre côté du détroit, d'actifs et vaillants successeurs parmi lesquels nous citerons M. Neison, auteur d'un ouvrage renommé sur la forme de la surface lunaire, et M. Nasmyth. Ce dernier, après avoir fait une grande fortune à Manchester, où il s'est établi comme directeur d'une fabrique de machines, a consacré ses loisirs à la Lune, et recommencé le travail de Schrotter sur de nouveaux frais en s'adjoignant un astronome rempli de zèle nommé M. James Carpenter.

Ni Schrötter ni Gruithuisen ne se laissent convaincre par les vers de Boscovitz. L'un et l'autre y répondent en montrant les gracieuses fleurs des Alpes, la rose des glaciers, l'*Edel Weis* qui s'épanouit dans une atmosphère mortelle pour les fleurs des plaines et semblable à celle des régions lunaires.

L'air incapable de soutenir des vapeurs n'a point perdu la puissance de retenir les fines aiguilles de glace, que Barral et Bixio ont rencontrées dans les régions froides où deux des aéronautes du *Zénith* ont trouvé la mort.

Qui donc oserait priver l'air éternellement limpide de la Lune des faibles traces de vapeurs indispensables à la vie d'organisme d'une rusticité particulière, tenant plus à la nature de nos végétations cryptogamiques qu'à celle de nos graminées ou de nos palmiers, et à qui le Créateur de toutes choses a donné des organes d'une perfection merveilleuse.

Schrötter et Gruithuisen se sont appliqués à montrer la végétation lunaire se manifestant par des changements de teinte qui ne peuvent être attribués à de simples différences dans la manière dont la lumière du Soleil illumine le sol Lunaire, et dont ses rayons ainsi réfléchis sont reçus par notre œil.

Il y aurait un volume des plus intéressants à faire en discutant ces recherches délicates, qui reposent sur des données dans lesquelles on ne peut avoir qu'une confiance limitée. Car il y a longtemps que l'on a dit que la prudence la plus vulgaire doit empêcher de discuter sur les couleurs, ces sublimes reflets du Soleil.

Gruithuisen a eu la patience de déterminer, d'après des considérations climatériques, la répartition dans les divers cratères de la Lune des différentes familles des végétaux qui doivent caractériser cette flore dont les formes doivent être bien étranges, si l'on en peut juger par l'extrême bizarrerie du relief du sol ravagé qui la supporte.

Schrötter ne s'est pas lancé dans ces conceptions d'un haut vol philosophique, mais il s'est attaché à comparer à différentes époques les cantons, qui lui ont paru les plus favorablement situés pour provoquer l'épanouissement de ces plantes, qui doivent se développer avec une rapidité merveilleuse. En effet, l'année de la Lune est douze fois plus courte que celle de la Terre, et dans un si bref espace de temps, le sol de la Lune doit incontestablement passer d'une température supérieure à celle du Sahara, à une autre inférieure à celle de notre pôle nord.

Dans de semblables circonstances, est-il possible de ne pas songer à la rapidité surprenante avec laquelle des champignons énormes poussent en une seule nuit, sur notre terre, et de ne pas reporter sa pensée sur les plantes dont une croyance vulgaire attribue la production à l'action mystérieuse de la Lune? Des organisations identiques doivent avoir d'autant plus de tendances à s'y développer que l'air de la Lune doit être aussi calme que celui de l'île de Calypso. En effet, la Lune ne tourne sur elle-même qu'en vingt-huit jours et

par conséquent la cause principale des tempêtes n'y agit
plus que d'une façon tout à fait languissante.

Les teintes noires que l'on peut observer au fond de
certains cratères sont très faibles, mais doivent tenir à
des végétations. On ne saurait en effet les expliquer
par une différence d'éclairement, car l'assombrissement

Aspects différents du cratère Platon d'après Schrötter. — 1, un
peu après le lever du soleil. — 2, un peu après le milieu du
jour lunaire.

ne se produit qu'au moment où la surface lunaire
devrait paraître particulièrement éblouissante.

Ni Gruithuisen, ni Schrötter, ne reculent devant le
problème de retrouver là-haut des traces manifestes de
l'action intelligente de travailleurs. En effet, ils ont
constaté dans certains cratères lunaires des circonval-
lations qui semblent avoir été exécutées par des ingénieurs, comme le seraient les fortifications d'une grande
capitale, ou d'un immense camp retranché.

Toutefois, quand on se rappelle que les *basaltes* de
notre globe ont la propriété de donner lieu à des étoi-
lements réguliers singeant les monuments humains,
comme on l'a vu dans la grotte de Fingall, ou dans
la Chaussée des géants, on ne se hasardera pas à don-

ner à la Lune des habitants si prodigieusement actifs.

Nous devons cependant reconnaître que la faiblesse de la pesanteur lunaire donne des facilités particulières pour exécuter de grands travaux publics.

En effet, un simple bourricot comme celui dont se servent les Arabes pourrait très facilement porter, s'il était envoyé dans la Lune, la charge d'un éléphant. Un homme pourrait grimper le long de murailles ayant quelques degrés d'inclinaison, et sauter à pieds joints

sur une maison, plus facilement qu'un clown ne franchit un cheval.

Schrötter a publié un diagramme très ingénieux qui permet de comparer très facilement ce qui se passe sur la Terre et sur la Lune au point de vue de la quantité d'air qui l'entoure.

On sait, en effet, que l'atmosphère épaisse servant à la respiration des êtres vivants ne s'étend nullement jusqu'aux plus hauts sommets de notre monde, puisque les pics des Andes et de l'Himalaya pénètrent dans les régions que les aéronautes ne sauraient affronter. On reconnaît facilement que ces pics terrestres inaccessibles ne s'enfoncent pourtant pas directement dans les profondeurs du vide planétaire, car ils sont surmontés d'une couche où de l'air existe encore, quoiqu'il ne soit pas en quantité suffisante pour servir à la respiration de nos poumons.

Les choses doivent se passer autrement à la surface de la Lune, où les hauts sommets dépassent les dernières limites de l'atmosphère, et plongent sans intermédiaire dans le milieu céleste, non-seulement parce que l'air de la Lune est plus rare à la surface du sol que celui de la Terre, mais parce que, toutes choses égales d'ailleurs, les pics de la Lune sont beaucoup plus éloignés de son centre que les hauts sommets de l'Himalaya ou des Andes ne le sont du nôtre.

Si on rapporte la Terre et la Lune au même rayon, de manière à montrer la proportion de leurs aspérités, on voit facilement combien la surface de notre satellite a été

La Lune.

La Terre.

Proportions de leurs aspérités rapportées à leurs diamètres.

plus profondément bouleversée que celle de la Terre.

Rien n'empêche de supposer que les nations lunaires soient séparées par des barrières beaucoup plus infranchissables que la chaîne qui s'élève entre le Chili et la république Argentine, ou entre l'Inde et la Chine, et dans lesquelles il n'y ait d'autres passes que les tunnels forés par les ingénieurs lunaires. Au lieu d'avoir sous les yeux la demeure des génies du bon Plutarque, nous n'avons peut-être devant nous que des espèces de vastes cellules dont quelques-unes ont des dimensions comparables à celles de nos anciennes provinces, où des nations forcément sédentaires végètent emprisonnées par les réseaux d'une atmosphère lacunaire.

CHAPITRE XXVII

LES SŒURS DE LA LUNE.

Quoiqu'en général les astronomes se refusent à accorder aucun rôle aux volcans lunaires dans les phénomènes dont la surface de notre satellite est le théâtre, le plus célèbre n'a pas hésité à leur réserver une part importante dans la chute des pierres du ciel.

Laplace a fait de longs calculs dans le but de démontrer qu'il était possible d'admettre que ces centres d'éruption, aujourd'hui éteints, avaient eu autrefois la force de lancer dans les airs les masses considérables qui, animées d'un mouvement en spirale, finissent par retomber à la surface de la Terre. Suivant l'expression de Benzemberg, un des savants les plus distingués qui se sont refusés à adopter son opinion, cet illustre analyste a changé notre satellite en un voisin impertinent qui nous lance des pierres. Mais quelque opinion que l'on prenne dans ce débat, il paraît difficile de ne point admettre que notre Lune possède d'humbles sœurs qui gravitent beaucoup plus près de nous, et effectuent leur tour de la Terre avec une vitesse proportionnée à leur excessif rapprochement. En effet, en décrivant leur courbe sidérale, elles n'échappent point à la domination de la loi de Kepler.

M. Frédéric Petit, qui mourut il y a une vingtaine d'années après avoir été longtemps directeur de l'obser-

vatoire de Toulouse, a même rédigé de très intéressants
mémoires pour calculer les orbites de corps lumineux
dont le diamètre était trop considérable pour qu'on
pût considérer la Lune comme capable de nous en
avoir bombardés, et qui semblaient courir le long
d'orbites très elliptiques dont la Terre aurait pu être
considérée comme étant le centre aussi bien que le
Soleil. D'autres avaient des orbites paraboliques ou
hyperboliques qui permettent de croire qu'ils arrivaient
en droite ligne de la région des étoiles. C'était encore
notre globe qui semblait être le centre de leur mouvement céleste, de sorte que l'on pouvait supposer que
ces brillants météores étaient des infidèles, s'échappant
par la tangente, après avoir décrit une seule révolution autour de notre monde.

Laissant de côté ces lunes de rencontre, nous ne
parlerons en ce moment que de celles qui suivent assi-
dûment notre mouvement céleste, et devraient être
considérées comme faisant partie de notre cortège
céleste.

Ces dernières ne seraient visibles que lorsque par
l'excentricité de leur orbe elles s'approcheraient assez
de nous pour entrer dans la zone de notre air. En
effet, se déplaçant dans l'espace atmosphérique avec
une vitesse bien supérieure à celle d'un boulet de
canon, elles s'enflamment en vertu du principe qui
produit la lumière dans le briquet à air. Chacune laisse
donc au fond de l'océan atmosphérique quelque épave
produite par de terribles explosions, triste compensation de la courte période d'éclat si chèrement acheté
pendant laquelle elle se montre.

La plupart de ces satellites presque imperceptibles,

mais dont le nombre dépasse vraisemblablement celui
des petites planètes gravitant entre Mars et Jupiter,
sont des globes infortunés qui passaient dans le voisinage de notre Terre et que nous nous sommes an-
nexés grâce au pouvoir brutal de l'attraction.

La présence de ces menus astéroïdes, qui sont venus
se faire maladroitement capter, et qui ont ainsi déchu
d'un cran dans l'échelle des êtres, a été exploitée par
Boitard, naturaliste du Muséum. Ce savant a raconté
l'histoire du diable boiteux faisant asseoir un enfant
de la Terre sur une de ces lunes infimes, et lui dévoilant
les mystères de l'infini.

Ce spirituel nécromancien scientifique a omis de nous
dire s'il y avait des lilliputiens à la surface de cette Lune
si petite. Plus discret que Micromegas, le grand voyageur que Voltaire mettait à cheval sur un rayon de soleil,
et envoyait dans les mondes les plus lointains, il ne nous
a point parlé de ces êtres dont, sans nous en douter,
nous bouleversons les empires. Mais il nous a donné
des renseignements assez précieux pour que son nom
doive figurer avec honneur dans l'étude rapide à laquelle
nous nous livrons en ce moment.

La découverte des Lunes de Mars a augmenté la
famille céleste de notre satellite et lui a donné des
cousines qui ont pignon sur le ciel, et dont on tient
compte dans les observatoires.

Elle a beaucoup renforcé les probabilités en faveur de
la thèse soutenue par le directeur de Toulouse. En effet,
il semble qu'à moins d'être meilleurs astronomes que
les habitants de la Terre, les citoyens de Mars ne peuvent apercevoir aucun des deux petits astres dont la
découverte a produit tant d'émotion sur la terre.

Elle donne un singulier démenti à cette doctrine étrange qui nous engage à ne point appréhender que quelque comète arrivant des espaces lointains se range sous les lois de notre Soleil, ne commence par capter les planètes inférieures, et ne nous subjugue ainsi que la Lune qui fait actuellement notre principal titre de gloire.

Elle vient de confirmer une théorie en vertu de laquelle le nombre des Lunes des planètes solaires serait positivement infini. En effet, il paraît résulter de découvertes récentes que les anneaux de Saturne ne sont pas, comme on l'a cru longtemps sur la foi d'équations très savantes, des solides continus d'une forme bizarre, mais le profil d'un nombre prodigieux de mondes que la belle planète aurait captés et qui seraient tous indistinctement attachés à sa fortune.

Il paraît certain que petits ou grands, tous les satellites tournent constamment la même face vers le corps céleste dont ils sont les esclaves.

Laplace a publié des équations qui expliquent cette particularité remarquable en supposant que l'hémisphère qui regarde la planète est devenu petit à petit plus pesant que l'hémisphère opposé.

Mais d'autres savants estiment, paraît-il, qu'il est dû à des attractions électriques qui s'exerceraient entre chacune des planètes lunifères et les Lunes plus ou moins nombreuses qui lui servent de cortège.

En effet, depuis Kircher, un grand nombre de savants, parmi lesquels nous citerons l'illustre Hansteen, qui fut pendant une soixantaine d'années directeur de l'observatoire de Christiania, prétendent que notre Lune possède un magnétisme très développé, que l'on doit la considérer comme étant le Soleil magnétique de la Terre, que c'est elle qui produit non-seulement une partie des variations diurnes, mais encore la plupart de celles que l'on connaît sous le nom de séculaires, que c'est sur son coucher et son lever ainsi que sur son passage au méridien que se règlent la majeure portion des orages.

Elle reprendrait donc, grâce au magnétisme terrestre, la plupart des facultés dont elle a été privée, et redeviendrait, d'une façon détournée, la maîtresse des éléments du Temps comme le voulait Toaldo.

Laissons à d'autres le soin d'approfondir tous ces mystères qu'il nous suffira d'avoir indiqués, énumérés. Contentons-nous de signaler un ordre de problèmes et de questions qui se lèvent à l'horizon de l'idée. En effet, étant infinie comme son auteur, la nature ne peut dissimuler la qualité essentielle qui la distingue, et le moindre objet sortant de ses mains porte cette marque de fabrique divine; de sorte qu'il faut tout l'orgueil de quelques théoriciens peu philosophes pour croire que l'on arrive jamais au bout de rien.

FIN

TABLE DES MATIÈRES

FIN DE LA TABLE DES MATIÈRES

Corbeil. — Typ. et stér. Crété.

www.ingramcontent.com/pod-product-compliance
Lightning Source LLC
Chambersburg PA
CBHW070807270326
41927CB00010B/2330